Hans Hermann Rump

KRAPP UND ULTRAMARIN

FARBSTOFFPRODUKTION IN PFUNGSTADT ZWISCHEN 1767 UND 1890

edition büchnerland

DANKSAGUNG

Die Idee zu diesem Beitrag entstand nach einem Theaterbesuch in der Büchnerbühne in Riedstadt-Leeheim. Mein Freund Bodo Gollhardt, der während der Ausarbeitung des Textes leider verstarb, war als Diskussionspartner bei Textentwurf und Materialsichtung eine wertvolle Hilfe. Besonderer Dank gebührt Peter Brunner für wichtige Hinweise und die Bereitstellung von Bildmaterial.

Dr. rer. nat. Dr. phil. Hans Hermann Rump
Universität Frankfurt, Historisches Seminar
AG Wissenschaftsgeschichte
Norbert Wollheim-Platz 1, 60323 Frankfurt am Main
Email: hermann.rump@t-online.de

Bibliographische Information der deutschen Nationalbibliothek:
Die deutsche Nationalbibliothek verzeichnet diese Publukation in der Deutschen Nationalbibliothek; detaillierte bibliografische Daten sind im Internet über http://www.dnb.de abrufbar.

© 2018 edition büchnerland, Riedstadt – BüchnerBühne Riedstadt e.V.
Herausgeber: Peter Brunner, Heinrich Dieckmann, Christian Suhr

Grafikdesign: Elke Müller, www.elkemueller.eu
Herstellung und Verlag: BoD – Books on Demand, Norderstedt

ISBN 9 783752 802627

Vorwort

Als Wilhelm Büchner 1816 in Stockstadt am Rhein geboren wurde, war der Vater Ernst „Amtschirurg im Amt Dornberg". Noch im gleichen Jahr zog die da schon fünfköpfige Familie (nach Georg 1813 war 1815 Mathilde geboren) nach Darmstadt, und dort verlebten alle Kinder der Büchners Kindheit und Jugend. Wilhelm war am Pädagog, dem einzigen Darmstädter Gymnasium, ein so schlechter Schüler, dass er es nicht bis zum Abitur brachte – er musste ohne Abschluss abgehen und setzte damit den ersten Bruch in das von Scheitern und Misslingen so reiche Leben der Geschwister Büchner. Aber so wie es auch den anderen Büchners meist gelang, aus dem Scheitern neue Chancen zu ergreifen, stellte sich für ihn der Weg in den Lehrberuf des Apothekers als goldrichtig heraus: er konnte sich endlich mit Naturwissenschaften beschäftigen und fand in der Chemie sein erfolgreiches Betätigungsfeld. Nach der Lehre in Zwingenberg studierte er in Heidelberg und schließlich bei Liebig in Gießen. Bald nachdem sein Bruder Georg 1837 im Züricher Exil an Typhus gestorben war, erkrankte er ebenfalls an der mörderischen Krankheit. Im Schoße der Familie und vom Vater wie einem herbeigezogenen Kollegen bestens versorgt, überlebte er. Beim anschließenden Genesungsurlaub beim Patenonkel in Gouda verliebte er sich in die Kusine Elisabeth (*1821) die er schließlich 1845 in ihrer holländischen Heimatstadt heiratete. Die erste Tochter Lina, in Darmstadt geboren, hatte Minna Jaegle zur Patentante, die Verlobte des toten Bruders Georg († 1837), zu der damals offenbar noch freundschaftliche Kontakte bestanden. Minna hat nach Erscheinen der Werkausgabe Georg Büchners, in der Ludwig und Luise Büchner ohne ihre Erlaubnis ihre Briefe veröffentlicht hatten, jeden Kontakt abgebrochen – wahrscheinlich auch zu Wilhelm und seiner Familie.

Wilhelm, der in Darmstadt inzwischen ein kleines Chemieunternehmen gegründet hatte, konnte mit Elisabeths Mitgift die aufgelassene Pfungstädter Zuckerfabrik erwerben, wo er bessere Bedingungen für seine „Blaufabrik" vorfand als in Darmstadt.

Über die Details dieser Geschichte berichtet der folgende Aufsatz.

Nachdem die beiden Brüder Ludwig und Alexander in Gießen 1848 revolutionäre Propaganda für die demokratische Paulskirchenbewegung machten, ließ sich Wilhelm nach der Niederlage von 1849 in die demokratischste Versammlung wählen, die es bis dahin in Hessen gab – den „Revolutionslandtag" von Dezember 1849 bis Januar 1850. Nachdem der Großherzog diesen mit neu erstarkter Macht für aufgelöst erklärt und schließlich auch das demokratische Wahlrecht wieder abgeschafft hatte, verzichtete Wilhelm Büchner bis 1862 auf die Landespolitik und konzentrierte sich auf unternehmerische und politische Aktivitäten in Pfungstadt. Hier war er jahrzehntelang Gemeindevertreter und hat zusammen mit Justus Hildebrand, dem befreundeten Bierbrauer, wesentlich Anteil daran genommen, aus dem Bauerndorf ein modernes Industriestädtchen zu machen. Im Landtag saß er zusammen mit einem alten Freund und Kampfgenossen Georg Büchners, dem treuen August Becker, der nach jahrelanger Haft und Schweizer Exil 1848 nach Gießen zurückgekommen war, wo er mit den beiden andern Büchnerbrüdern Ludwig und Alexander die republikanische Zeitschrift „Der Jüngste Tag" herausgab. In der Schweiz war Becker ein enger Mitarbeiter des Frühsozialisten Wilhelm Weitling, und es ist eine offene Frage, ob und wie Wilhelm Büchners arbeiterfreundliche Unternehmenspolitik von dessen Ideen beeinflusst war. Jedenfalls gab es in der Pfungstädter Blaufabrik nicht nur frühe Invaliden- und Krankenversicherung, Büchner zahlte am Jahresende auch Gewinnbeteiligungen an die Arbeiter aus. Auch der Einsatz für Kinderbetreuung und Schulausbildung zeugt vom sozialpolitischen Engagement. Natürlich gehörten er und seine Frau zu den Gründern des örtlichen Alicevereins für Krankenpflege, der auf Initiative seiner Schwester Luise von Darmstadt aus im ganzen Großherzogtum ins Leben gerufen wurde und schließlich im Roten Kreuz aufging.

1851 war er zur Weltausstellung nach London gereist, um dort sehr erfolgreich seine blaue Farbe zu präsentieren. Auf dieser Reise begleitete ihn der jüngste Bruder Alexander, frisch gebackener „Doktor beider Rechte" und ungestümer Republikaner auch nach der Niederlage der Revolution 1849. Alexander hat in London die Köpfe des republikanischen Exils getroffen – unter ihnen Carl Schurz, der später Innenminister der USA werden sollte, und Gottfried Kinkel, von Schurz zuvor abenteuerlich aus preußischer Haft befreit. Es ist kaum vorstellbar, dass Wilhelm von diesem Treffen und Alexanders republikanischen Bestrebungen nicht wusste. Schließlich wurde die Zusammenkunft, zurück in Hessen-Darmstadt, für Alexander zum Anlass für eine weitere Büchnersche Lebenskatastrophe: er wird wegen Hochverrat angeklagt und verliert den „Access" - er wird nie als Rechtsanwalt arbeiten können. Alexander Büchner hat sich dann auf das Sprachstudium geworfen und ein neues Leben begonnen, Wilhelm hat man offenbar weder beschuldigt noch verfolgt. Einem so erfolgreichen Unternehmer zu schaden wäre allerdings auch ungleich aufwändiger und riskanter geworden, als das „Berufsverbotsverfahren" gegen Alexander.

Wilhelm Büchners wirtschaftlicher Erfolg steht in engem Zusammenhang mit der sozialen Entwicklung im Deutschland des 19. Jahrhunderts: seine blaue Farbe verkauft sich nämlich insbesondere als „Waschblau". Bei der Zugabe von blauer Farbe zur Waschlauge wirkt ein physikalisches Prinzip: die unerwünschte gelbliche Färbung gelagerter Weißwäsche – das Vergilben – verschwindet durch Beigabe der Komplementärfarbe Blau. Ein Prinzip, das sich Anstreicher bis heute zunutze machen: eine strahlend weiße Wand erreichen sie, indem sie der weißen Farbe einen Klecks Blau zugeben und damit jeden Rest von Gelb eliminieren. (Wäsche wird heute chemisch weiß gewaschen. Die blauen Körnchen in modernen Waschmitteln haben mit dem Wäscheblau nichts mehr zu tun.) Mit der starken Zunahme der Bevölkerung, insbesondere mit der Zuzug vom Land in die Stadt, müssen Alternativen zu den überholten ländlichen Lebens- und Arbeitsformen entwickelt werden. Das Bleichen der Wäsche auf Wiesen am Rand öffentlicher Waschstellen am Bach oder Teich, bei dem eine chemische Wirkung zusammen mit dem Ultraviolett des Sonnenlichtes das Gelb verschwinden ließ, steht der städtischen Bevölkerung kaum noch zur Verfügung. Illustrierend dafür sind die zahlreichen Straßennamen mit „Bleich-", bei denen sich regelmäßig nachweisen lässt, dass sie im 19. Jahrhundert erstmals bebaut wurden: die Bleichwiesen verschwanden.

Wie so oft kommt es also auch hier dazu, dass eine Erfindung „ihre Zeit braucht". Die fast lawinenhaft ansteigende Produktion der Pfungstädter Blaufabrik und ihre außergewöhnlichen Erfolge gerade auch im Export (kaum ein anderer Betrieb im Hessen-Darmstadt der 1860er Jahre exportiert in nennenswerter Menge) erklärt sich aus dem ebenso lawinenhaft ansteigenden Bedarf nach einer Lösung der „Wäschefrage". Allerdings war Wilhelm Büchner auch ein besonders cleverer Marketingmann (wieder einmal ein Attribut, das zu einer Zeit auf einen Büchner passt, als es den Begriff noch gar nicht gibt ...). Früh hat er ein „Markenzeichen" entwickelt, und er unterhält Handelsbeziehungen buchstäblich in die ganze Welt. Einen Eindruck davon verschaffen die hunderte von Etiketten, die überliefert sind. Spätestens mit der Einstellung von Moritz Kohnstamm (1820 – 1898) als Prokurist entsteht auch eine schwunghafte Handelsbeziehung in die USA. Kohnstamms Sohn Oskar, geboren

1871 im „Herrenhaus" der Blaufabrik, wurde ein bedeutender Neurologe und Psychiater, in dessen Sanatorium in Königstein später unter anderen Ernst Ludwig Kirchner Zuflucht und Heilung suchte.

Hermann Rump hat in seinem bemerkenswerten Aufsatz auch das Ende der Büchnerschen Unternehmung geschildert: anders als das Leverkus'sche Chemieunternehmen, aus dem die Farbenfabrik Bayer entstand, hat die Pfungstädter Blaufabrik nie diversifiziert. Die Gründung von „Büchnerstadt" bei Pfungstadt analog zu Leverkusen als neuer Stadt bei Lennep gehörte sicher nicht zu Wilhelm Büchners Zielen. Büchner kannte Leverkus gut und persönlich von der Konferenz der Deutschen Ultramarinfabrikanten, die Büchner als ihren „Doyen" bezeichnete. Der 11 Jahre ältere Leverkus hatte 1830 bei Liebig promoviert. Trotz der gründlichen Chemieausbildung, die der Sohn und Erbe Ernst Büchner, u.a. bei Fittig in Tübingen, genossen hatte, ist in Pfungstadt die Produktpalette auch anlässlich des Siegeszuges der organischen Chemie nicht erweitert worden. Dafür mag Halsstarrigkeit eines Patriarchen verantwortlich sein, dessen Füße noch sehr in den alchimistischen Kinderschuhen steckten.

Freundlicher und durchaus plausibel klingt eine andere Erklärung: spätestens seit 1871 hatte Büchner keine wirtschaftliche Not mehr zu fürchten, er lebte mit seiner Familie wohlhabend von den Erträgen seines Unternehmens. Seit 1864 war er Hessisch-Darmstädtischer Abgeordneter, später Vorsitzender des Haushaltsausschusses, und auch in den Reichstag ließ er sich wählen. Der Betrieb schien ein „Selbstläufer", wahrscheinlich hielt er wenig von der gewaltigen Expansion anderer Betriebe, die er sicher beobachtete. Ob sich nicht auch solches Bescheiden zum Vorbild für Deutsches Unternehmertum geeignet hätte, darf immerhin gefragt werden.

Peter Brunner

1 Farben und Farbeindrücke

Beim Gespräch über „Farbe" und „Farbstoffe" geht es oft nicht nur um Phänomene und deren Wahrnehmung, sondern auch um Begriffe und Erklärungsmuster, die sich zwanglos aus Fragen wie diesen ergeben: Warum ist ein wolkenfreier Himmel tagsüber blau, beim Sonnenuntergang aber rötlich? Warum sind die Blätter der Bäume grün, nicht aber ihr Stamm? Auf welche Weise nehmen wir Farben wahr und schließlich: was ist Farbe überhaupt? Die sprachlich eher dürre Definition von DIN 5033 „Farbmessung" hinterlässt nichts als Ratlosigkeit, so dass wir Rat suchen bei – Goethe. In seiner Farbenlehre schrieb er 1810:

> „ Die Menschen empfinden im Allgemeinen eine große Freude an der Farbe. Das Auge bedarf ihrer, wie es des Lichtes bedarf. Man erinnre sich der Erquickung, wenn an einem trüben Tage die Sonne auf einen einzelnen Teil der Gegend scheint und die Farben daselbst sichtbar macht." (Goethe, J. W., 1974, 168)

Dem werden die Meisten vermutlich zustimmen, aber hilft uns das weiter? Die uns umgebende Welt ist im Grunde farblos. Farben sehen wir, wenn genügend Licht vorhanden ist. „Nachts sind alle Katzen grau" lautet ein Sprichwort, und erst bei Beleuchtung von Katzen, Pflanzen oder Gemälden sieht man deren Farben. Das Sonnenlicht erscheint weiß, aber lenken wir es durch ein Prisma, tritt ein Spektrum von Strahlen unterschiedlicher Wellenlängen aus – in den Farben des Regenbogens. Das vom menschlichen Auge wahrgenommene farbige Licht wird vorher meist von einem Objekt reflektiert, etwa von einer roten Tulpe, an der außer den Wellenlängen des roten Bereichs andere Spektralfarben absorbiert werden. Nur das Rot des Gesamtspektrums gelangt als Lichtteilchen (Photon) dann in unser Auge, trifft in der Netzhaut auf Sehpigmente und erzeugt nach Leitung ins Gehirn den roten Farbeindruck. Manche Tiere sehen ihre Umwelt offenbar anders als Menschen. So könnte eine Schlange mit ihren Wärmebildaugen Beutetiere – hier zwei Eidechsen – so oder ähnlich wahrnehmen wie in Abb. 1 gezeigt.

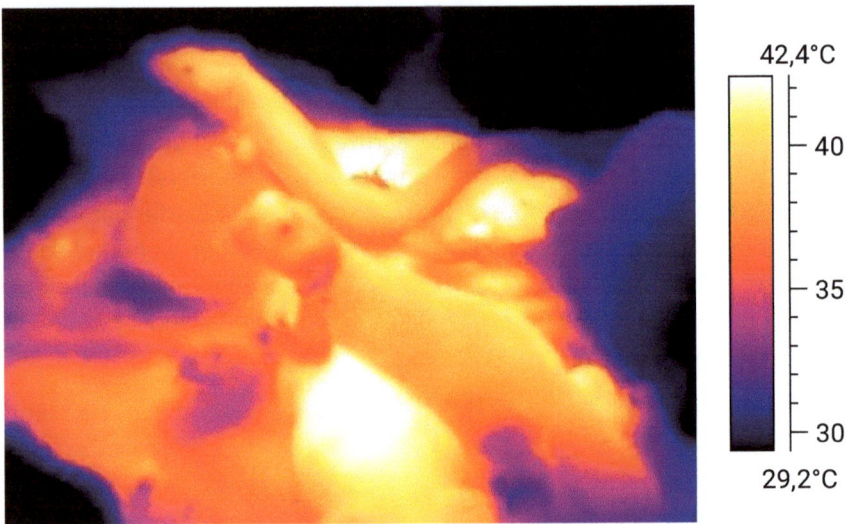

Abb. 1: Thermographie: Eine Schlange fixiert ihre Beute (Foto: Wikimedia Commons)

Drei universelle Eigenschaften definieren einen spezifischen Farbeindruck:

DER FARBTON	Er bezeichnet die Farbe (z. B. Rot, Grün, Blau);
DIE HELLIGKEIT	Sie gibt an, wie stark die hell/dunkel-Trübung der Farbe ist;
DIE SÄTTIGUNG	Sie bestimmt die Beimischung schwarz/weißer Töne.

In der Geschichte menschlicher Kulturen findet man unterschiedliche Auffassungen von Farbeindrücken, vor allem aber von der symbolischen Wirkung der Farben. So wurde in der Antike die Farbe als sinnesphysiologisches Phänomen meist nicht vom Farbstoff als bloßem Träger der Farberscheinung unterschieden. Die Stoiker meinten gar, die Qualität „Farbe" sei materiell zu denken, d. h. die Farbe eines Stoffes sei nicht nur Anzeiger für den Zustand der Materie, sondern sie sei auch der Zustand der Materie selbst. Dies aber bedeutete die Gleichsetzung von gefärbtem Gegenstand und der Farbe (Schütt, 2000, 33 u. 71).

2 „Färberröte" und Lapis Lazuli

DIE FÄRBERPFLANZE KRAPP

Wahrscheinlich ist Anatolien die Urheimat des Krapps (*Rubia tinctorum*), auch „Färberröte" genannt (Abb. 2). Die natürliche Verbreitung des Krapps umfasst außerdem den Kaukasus, den Iran, das westliche Zentralasien und reicht bis in den Nordwesten des Himalaya. Die Römer nannten die Pflanze wegen ihres roten Farbstoffs in ihrer Wurzel „Rubia"; Carl v. Linné übernahm dieses Wort und fügte das Epitheton tinctorum hinzu (tinctor = der Färber). Schon im Altertum wurde Krapp in Ägypten angebaut. Während der Jahrhunderte dauernden Kultivierung gelangte die bedeutendste Färbepflanze für Rot auch nach Europa und Nordafrika (Wolfschmidt, 2011, 320 f.).

Abb. 2: Idealisierte Krapp-Pflanze aus Pabst, G. (Hrsg.), „Köhler's Medizinal-Pflanzen", Bd. III, Ersch. Nr. 53 (Beschr. u. Abb.), 1898

Die Kletterpflanze Krapp wird auf flachem Boden kultiviert und bedeckt nach vollem Wuchs eine Fläche von etwa 1 m², wobei ihre Wurzeln bis zu einem Meter in die Tiefe reichen. Als Setzlinge in den Boden gebracht, erfolgt die Ernte nach ein bis zwei Jahren. Der begehrte rote Farbstoff befindet sich vor allem in den fingerdicken und bis zu 30 cm langen Grobwurzeln, die nach der Ernte von Bodenresten befreit, danach gebrochen und schließlich zerkleinert werden. (Abb. 3 – 5) (Börnchen, M., 2009)

Abb. 3: Blühender Spross einer **Krapp-Pflanze** (Foto: **M. Börnchen**)

Abb. 4: Geerntete und angetrocknete **Krapp-Pflanze** (Foto: **M. Börnchen**)

Abb. 5: Getrocknete Krappwurzeln mit Rinde (Phloem) und teilweise freigelegtem Holz (Xylem) (Foto: M. Börnchen)

In der Wurzel zeigt sich im Querschnitt eine unterschiedliche Verteilung des darin vorkommenden roten Farbstoffs Alizarin, von dem sich der größte Teil in der Wurzelrinde befindet (Abb. 6). Die Farbstoffpflanze Krapp wurde in den Schriften des Altertums gelegentlich erwähnt, etwa von Dioscorides, Plinius d. Ä., Hippocrates und Galen. Mit Hilfe archäologischer Verfahren konnte man für die Periode der späten Bronzezeit in Spanien in einigen Befunden den Levantinischen Krapp (*Rubia peregrina*) nachweisen. Im 7. Jahrhundert wurde vom Anbau des Krapps in der Nähe von Paris berichtet. Wenig später gab es Hinweise auf seine Nutzung in einer Verordnung über die Krongüter und Reichshöfe Karls des Großen, und zwar in der Handschrift „Capitulare de Villis et Curtis Imperialibus". Das einzige handschriftliche Exemplar der Schrift ist der „Codex Helmstadensis 254", der sich in der Herzog-August-Bibliothek in Wolfenbüttel befindet. Darin wird die Tuchfärbung mit Krapp (lat. warentia) erwähnt, in cap. 43 und cap. 70 eine Liste der im Kräutergärtlein zu ziehenden Pflanzen und anderer nützlichen Dinge des Alltags:

> „ Unseren Frauenarbeitshäusern soll man, wie verordnet, zu rechter Zeit Material liefern, also Flachs, Wolle, Waid, Scharlach, Krapp, Wollkämme, Kardendisteln, Seife, Fett, Gefäße und die übrigen kleinen Dinge, die dort benötigt werden." (Wies, 1992, cap. 43)

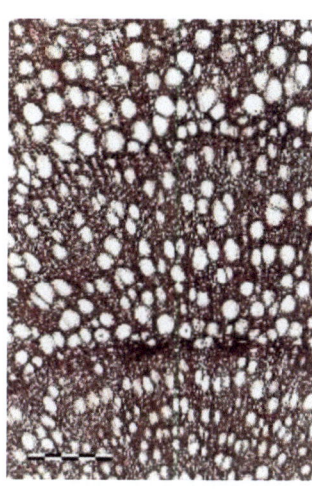 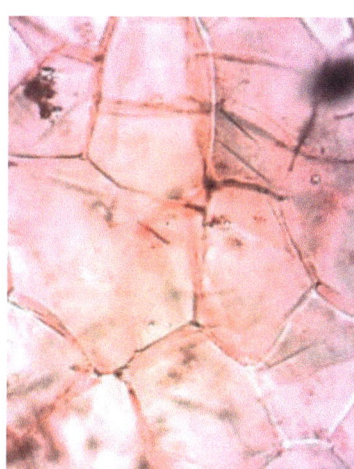

Abb. 6: Querschnitt durch das Xylem einer Krappwurzel; links mit Jahrringen (Foto: D. Köcher), rechts Detail (Foto: M. Börnchen)

Bei archäologischen Grabungen in der mittelenglischen Grafschaft York konnten im Boden Rückstände von Krappwurzeln aufgrund einer auffälligen Bodenfärbung nachgewiesen werden. Dabei fand man auch rote Rückstände von Holz mit den unverbundenen Zellbestandteilen von Epidermis und Cortex. Die Ähnlichkeit der fossilen

Abb. 7: Lapis Lazuli mit Pyrit-Einschlüssen (Foto: Wikimedia Commons)

Stückchen mit rezentem Krapp (engl. madder) war offensichtlich und belegte die frühe Einfuhr dieser ursprünglich in England nicht heimischen Pflanzenart für die Gewinnung des roten Farbstoffs (Tomlinson, 1985, 270). Gegen Ende des 15. Jahrhunderts war der Krappanbau in Holland bereits hoch entwickelt und war mehrere Jahrhunderte lang eine der Quellen des holländischen Reichtums. Auch in Schlesien wurde nach Angaben der Breslauer Röteordnung von 1574 bereits im Jahr 1504 Krapp angebaut.

Neben seiner Verwendung als beliebter Farbstoff für Textilien wurde Krapprot auch in der Malerei geschätzt, weil es sich gut mit anderen Öl- und Leimfarben vertrug. Wegen seiner Lichtbeständigkeit wirkt die Farbe bei vielen mittelalterlichen Tafelgemälden auch heute noch frisch und kräftig. Neuere Experimente wiesen nach, dass die Lichtechtheit vor allem von der Herstellungsmethode der Krapplacke abhing (z. B. der Einhaltung eines niedrigen pH-Wertes) und dass moderne Farbstoffe ihnen nicht unbedingt überlegen sind. (Köcher, 2006, 141-157)

DAS MINERAL LAPIS LAZULI
Der früher häufig als „Lasurstein" bezeichnete Lapis Lazuli ist ein blaues Mineralgemisch mit seinem Hauptbestandteil Lazurit, in dem oft goldschimmernde Einsprengsel von Pyrit enthalten sind (Abb. 7). Für die Bergleute des späten Mittelalters war der Stein (lat. caeruleum) neben kupferhaltigem Malachit und den Arsenmineralien Auripigment und Realgar ein Indikator für lohnende Gold und Silbervorkommen (Agricola, 1556, 85).

Lapis Lazuli wird seit vorgeschichtlicher Zeit vorwiegend im Kokchatal im nordöstlichen Teil des heutigen Afghanistan gewonnen. Diese Lagerstätte war eine der frühesten Zeugnisse des Bergbaus überhaupt, da man bei archäologischen Grabungen im Tal des Indus etwa 9000 Jahre alte Belegstücke des Minerals gefunden hat, die mit hoher Wahrscheinlichkeit aus Afghanistan stammen. Meist wurde der Stein für die Herstellung von Schmuck oder als Kultgegenstand verwendet (Abb. 8). Auch in Sibirien gab es lokale Vorkommen: Eine von Katharina der Großen entsandte Expedition unter der Leitung von Erik Laxmann entdeckte 1787 Blöcke von Lapis Lazuli in Flußbetten am südlichen Baikalsee. Besonders reine Steine wurden zu großen Dekorationsstücken verarbeitet, von denen einige Exemplare im Museum der Eremitage von St. Petersburg ausgestellt werden (Abb. 9) (vgl. Krassmann, 2014).

Abb. 8: Ultramarinexponate im Porzellanmuseum von Limoges (Foto: H. H. Rump)

Abb. 9: Prunktisch,
Eremitage von St. Petersburg
(Foto: H. H. Rump)

Außer für Kult- und Schmuckstücke wurde Lapis Lazuli auch zu Herstellung der lichtbeständigen Mineralfarbe Ultramarin verwendet. Der 242-bändige „Krünitz", einer der bedeutendsten enzyklopädischen Informationsquellen zwischen Aufklärung und Industrialisierung, beschreibt den Farbstoff so:

„Ultramarin ist eine, aus dem Lasurstein bereitete, glänzend blaue Farbe, welche vor den meisten andern blauen Farben Vorzüge hinsichtlich der Völle ihres Tons und ihrer Haltbarkeit hat. Sie bleibt an der Luft, so wie in Oel unverändert, wird nicht durch Alkalien zerstört, selbst bei Erhitzung damit, leidet auch nicht durch Glühen, verliert dagegen binnen wenig Minuten ihre Farbe durch Säuren, wodurch sie sich von Kobaltfarben unterscheidet."
(Krünitz, 1847, Bd. 193, 587-591)

Das „Straßburger Manuskript", die vermutlich älteste deutsche Quelle für die Technik der Malerei, berichtet über „lazur, als man über mer macht". Der „Neapler Codex für Miniaturmalerei" führte die Farbe „Azurium ultramarinum" in seiner Liste, woraus der heutige Name Ultramarin entstand, der auf seine überseeische Herkunft hinweist (Seel, 1974, 66). Merkwürdigerweise hat man bei neueren Untersuchungen von Kunstgegenständen des Altertums kein einziges Mal Ultramarin in Malereien gefunden, obwohl Gelehrte wie Theophrast und Plinius d. Ä. eine Farbe beschrieben hatten, die kaum etwas anderes als Ultramarin sein konnte.
Möglicherweise lag dies daran, dass die Ägypter ein Blaupigment aus Sand, Kupferoxid, Kalk und Soda herstellten, das später Ägyptischblau genannt wurde. Weil man damals Lapis Lazuli aber noch nicht von unerwünschten und meist störenden Beimengungen befreien konnte, wurde er nach Angaben früherer Autoren als Malerfarbe kaum verwendet, während allerdings neue Untersuchungen in der Kirche San Saba in Rom die gleichzeitige Verwendung beider Stoffe nachwiesen (Gaetani, 2004).

Als im Mittelalter das Wissen über die Herstellung von Ägyptischblau verlorenging, suchte und fand man einen einfachen Weg, Lapis zu reinigen. Hierzu wurde der Lasurstein erhitzt und danach in Essig gelegt, um Kalkbeimengungen mürbe zu machen. Die weitere Verarbeitung war meist unterschiedlich, entsprach aber im Wesentlichen der folgenden Beschreibung des Malers Cennino Cennini um 1400:

„Besonders ausgewählter Lasurstein wird im bedeckten Bronzemörser zerstoßen, auf einer Porphyrplatte trocken feinst abgerieben und abgesiebt. Eine filtrierte Lösung aus 6 Unzen Fichtenharz, 3 Unzen Mastix und 3 Unzen frischem Wachs [pastello] wird mit 1 Pfund des Lasursteinpulvers zu einem Teig geknetet. Unter wiederholtem Durchkneten mit sauberen und mit Leinöl eingeriebenen Händen lässt man die Masse 3 Tage liegen. Jetzt wird unter portionsweisem Zusatz von warmer Lauge mit einem Holzstab durchgearbeitet. Die Farbe wird dabei ausgeschlämmt und der erschöpfte Teig mit den Ballaststoffen bleibt zurück. Die einzelnen Fraktionen lieferten eine in der Qualität fallende Farbsedimentreihe. Der Spitzenqualität der ersten Extraktion folgen bis zu 18 Fraktionen, die beiden letzten waren oft schlechter als die durch Glühen des Teigrückstandes gewonnene sogenannte Ultramarinasche."

(Cennini, 1916, 46.) (Abb. 10)

Abb. 10: Blaupigment von Lapis Lazuli. Januarblatt aus dem Stundenbuch „Tres riches heures" der Brüder Limburg von 1410 – 1416 (Wikipedia Commons)

Ein Ratgeberbüchlein von 1807 beschrieb ein rustikales Verfahren zur Prüfung des natürlichen, pulverförmigen Ultramarins:

> „Die kostbarste und schönste hochblaue Farbe aus dem ächten orientalischen feuerbeständigen Lasurstein, von untrüglicher Haltbarkeit in der Miniatur-, Öl- und Freskomalerei, auf Email. Sie muß so fein zerrieben seyn, daß sie zwischen den Zähnen nicht knirscht."
> (Anonym, 1807, 3/36)

Die wissenschaftliche Ergründung der Natur des Lapislazuli begann aber erst, als man sich im 18. Jahrhundert über das „färbende Prinzip" von Farbstoffen nicht einig wurde und die französischen Chemiker Clément und Désormes 1806 die erste exakte Analyse des natürlichen Ultramarins vorlegten (Schmauderer, 1969a; Mertens, 2004).

3 Die Krappmühle in Pfungstadt

Abb. 11: Idealisierte Ansicht der Krappmühle an der Modau bei Pfungstadt, 1777, vormals Frankensteiner Mühle (Zeichnung von Friedrich Hill)

Die frühen Unternehmen in Südhessen waren um 1800 noch stark vom Merkantilismus geprägt. Nicht alle gewerblichen Projekte waren erfolgreich (Gessner, 1996, 63), doch bei der Manufaktur in Pfungstadt als einer Gründung des Darmstädter Hofes lief es zunächst sehr gut: 1767 und 1774 wurde auf dem Standort der ehemaligen Frankensteiner Mühle und der Pfeffermühle am Flüsschen Modau eine „privilegierte Krappfabrik" mit Unterstützung der Landgräfin gegründet (Abb. 11: diese Ansicht entsprach wahrscheinlich nicht ganz der Realität). Die beiden wenig voneinander entfernten Mühlenstandorte wurden nun als Oberkrapp- und Unterkrappmühle bezeichnet. 1773 ging der Betrieb in den Besitz von drei schweizerischen Bankhäusern über. Die steigende Nachfrage nach Krapp stimulierte den Anbau der Färbepflanze um Pfungstadt und damit die Entwicklung einer landwirtschaftlichen Sonderkultur (Hildebrandt, 1985, 224; Battenberg, 1985, 117).

Abb. 12: Krappmühle von St. Pierre, Departement Vaucluse
(Foto: H. H. Rump)

Eine Krappmühle gegen
Ende des 18. Jahrhunderts
kann man sich ähnlich wie
die in Abb. 12 gezeigte
Anlage in Südfrankreich aus
dem Jahr 1859 vorstellen.
Die Trocknung der geernte-
ten Krappwurzeln erfolgte in
einem Trockenhaus; danach
zerdrückte eine Serien-
Stampfmühle das Material
und trennte dabei das feste
Holz von der Rinde.
(Abb. 13).
Der rohe Krapp-Farbstoff
wurde anschließend durch
weitere differenzierte
Aufbereitungsschritte
gewonnen. (Abb. 14)

Abb. 13: Trockenhaus (links) und Stampfmühle (rechts)

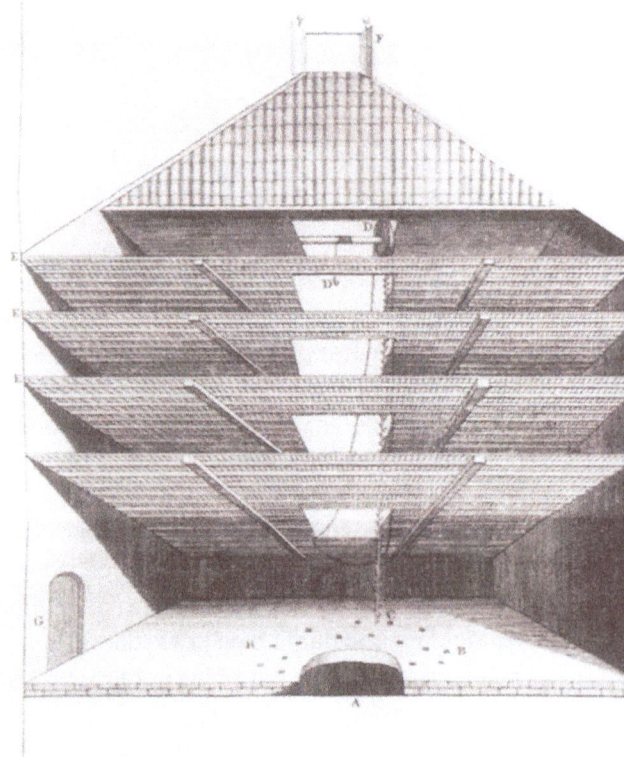

Abb. 14: Alizarinhaltiges Farbstoffgemisch aus Krappwurzeln

In- und außerhalb der Region wurde die Pfungstädter Krappherstellung aufmerksam registriert, und es kam zu dem Versuch, die dort vorhandenen Erfahrungen auch andernorts zu nutzen. Am 23. September 1779 begleitete der Darmstädter Hofbeamte und Natur-forscher Johann Heinrich Merck Herzog Karl August von Sachsen-Weimar-Eisenach auf dessen Reise von Frankfurt über Darmstadt nach Pfungstadt. Diese Reise hatte eine recht verschlungene Vorgeschichte: Der in Darmstadt geborene Merck war als Kriegszahlmeister mitverantwortlich für die Finanzen der Landgrafschaft Hessen-Darm-stadt. Im Jahr 1771 hatte er als Redakteur der „Frankfurter Gelehrten Zeitung" versucht, den damals noch in Frankfurt wohnenden Goethe als Autor des Blattes zu gewinnen.

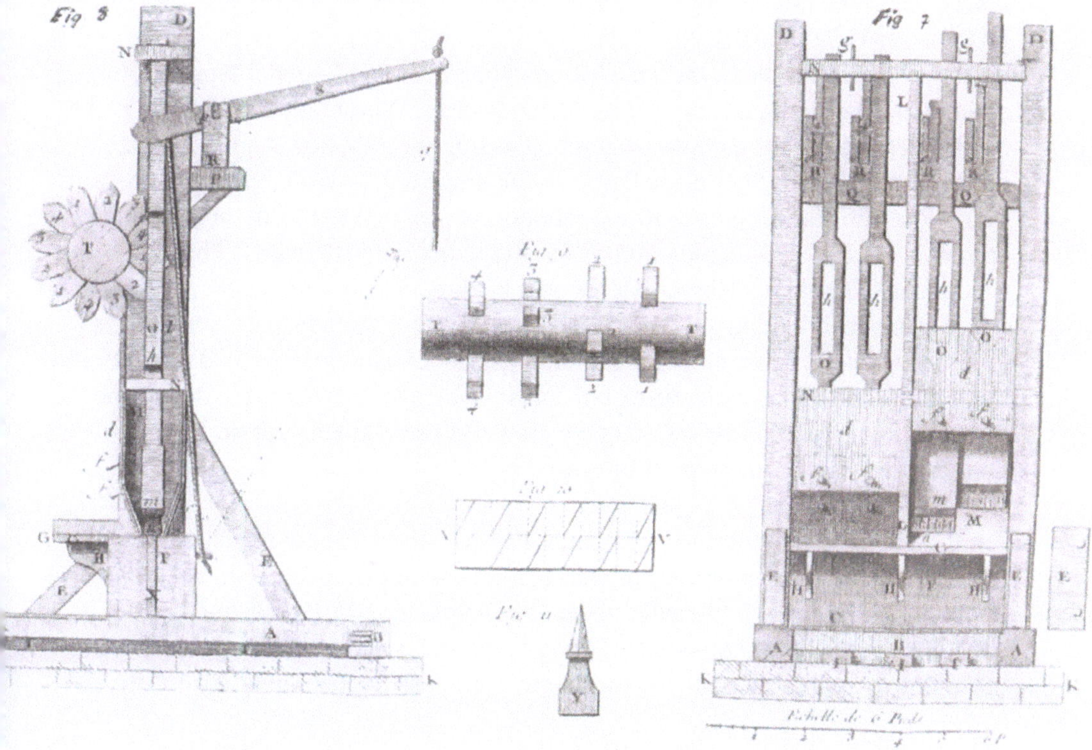

Abb. 15: Johann Heinrich Merck
(Gemälde des Darmstädter Hofmalers
Johann Ludwig Strecker, 1770)

Goethe gab viel auf Mercks Urteil, beschrieb ihn als Menschen von kühlem Verstand, aber sprunghaftem Charakter und bezeichnete ihn später in „Dichtung und Wahrheit" als seinen „Mephistopheles Merck". (Abb. 15)

Dem Herzog dürfte Goethe nach endgültiger Übersiedlung nach Weimar von Merck berichtet haben, da beide sich – der Herzog und Merck – dort nachweislich im Sommer 1779 kennen gelernt hatten. Über die Reise nach Pfungstadt am 23.9.1779 berichtete Karl August später: „Er [Merck] hat uns bis auf eine Stunde hinter Darmstadt und auf eine in der Nähe gelegenen Grabb-Fabrik begleitet." (Leuschner, 2007, 302, Anm. 12). Merck schrieb am 7.10.1779 über diese Reise an Christoph Martin Wieland aus Darmstadt: „Ich zeigte ihm hier die grosse KrappFabrique, wo vor einige 100/m thlr. Gebäude stehen, u. wo alle Jahre gegen 50/m Cntr. Krapp gut gemacht wird." (Ebd, 299) Am 31. Januar 1780 bat der Herzog Merck sehr konkret um Unterstützung: „[...] hätte ich gerne eine beschreibung der Grabb, oder KrappFabriq, nemlich in so ferne sie den landmann angeht, nebst einer Berechnung wie der Landmann sein Feld beym Grabb Bau nutzt." Auch solle sich Merck bei den schweizerischen Partnern der Mühle diskret erkundigen, „ob sie gesonnen wären noch eine solche Fabriq, in andern Landen ganz neu anzulegen." (Ebd., 361)

Am 3. April 1780 berichtete Merck nach Weimar, die Hälfte der Bevölkerung um Pfungstadt unterstütze den Krappanbau, während der Rest dagegen sei. Die Beschaffung genauer Informationen sei für ihn nicht einfach gewesen, aber schließlich habe er Manches über Erträge und Preise erfahren: Jährlich würden 60/m Cntn. Krapp angebaut, wobei ein gut gepflegter Acker sicherlich 1 Cntr.

pro Ruthe [ca. 14 m²] erbringe. Dies seien in 18 Monaten bei einem Acker von
1 Morgen und einem Preis von 2 Gulden pro Zentner etwa 320 Gulden. Im
Gegensatz zur Pfalz, wo Landwirte ohne die Auflagen von Monopolisten auf
3 Gulden pro Zentner kämen, habe man in Pfungstadt den Schweizern diesen
niedrigen Preis zugestehen müssen, der allerdings auskömmlich sei:

> „ Die Schweizer, als wahre Füchse haben sich die Fabrication
> alleine vorbehalten, legen Niemand darüber Rechnung ab, sondern
> geben nur der alten Einheimischen Societät, nach Maaßgabe ihrer
> eingelegten Fonds u. Capitalien, etwas gewisses an Profit von jedem
> rohen Cntn., so wie ihn die Bauren abliefern, ab." (Ebd.)

Merck ging in seinem Brief von der Annahme aus, die Kinder der Darmstädter Landgräfin Caroline seien gemeinsam mit den Herren von Riedesel und von Gemingen
noch wie bei der zuerst gegründeten Krapp-Societät am Profit der Fabrik beteiligt.
Die Anteilseigner der neuen Societät waren dort jedoch vorher ausgeschieden.
Merck ergänzte seine allgemeinen Hinweise an Herzog Karl August durch eine genaue Anbauempfehlung, die ein Einheimischer für ihn beschafft hatte: Auf lockerem,
nicht zu leichtem Boden sei jede Ruthe von einem kleinen Graben zur Aufnahme
von Überschusswasser umgeben. Die etwa 20 000 Pflanzen auf 40 Ruthen würden
im Mai gesetzt und müssten nach 17 bis 18 Monaten ausgegraben werden. Wegen
der Robustheit des Krapps seien die Ernteausfälle geringer als beim Getreide, und
auf der frei gemachten Fläche gediehen Flachs, Dinkel oder Spelz sehr gut. Gern
könne er „in der Stille" Setzpflanzen besorgen und nach Weimar schicken, doch
müsse er den Herzog im Hinblick auf die Prozedur der Farbstoffgewinnung warnen:
„Das einzige bedenkliche dabey ist der grose Holz Verbrauch, in dem die Darrhäuser
ungemein viel Holz fressen." Andererseits hätten die Pfungstädter „Entrepreneurs"
einen „unleidlichen Profit"; im Übrigen entstehe hier eine neue Industriebranche und
es seien 100 000 Taler mehr in Umlauf (ebd., 402).

Ein weiterer authentischer Bericht zum Krappanbau stammt von einem anonymen
Landwirt aus der Gegend um Groß-Gerau. Der Besitzer von 7 Morgen Krapp-
Anbaufläche wandte sich gegen öffentliche Klagen im Darmstädter Land über
den Krappanbau und bestritt die Behauptung mancher Personen, die gewerbliche
Wirtschaft der Obergrafschaft Catzenelnbogen sei nur schwach entwickelt.

Die Krappmühle in Pfungstadt sei außerdem nicht von einer Schweizer Gesellschaft, sondern von Landgräfin Caroline und Hans Weiprecht von Gemmingen eingerichtet worden. Nur wegen gelegentlicher Absatzprobleme habe man sich mit den Schweizern zusammengetan, die zudem feste Mindestpreise garantierten. Für einen Morgen Anbaufläche rechne man allgemein mit Gesamtausgaben von 133 Gulden bei Einnahmen von 167 Gulden, was im Vergleich mit anderen Feldfrüchten ein günstiger Wert sei. Abschließend stellte er fest:

> „ So viel ist an dem ganzen Vorgeben wa[h]r, daß in Pfungstadt und der nächsten Nachbarschaft, fast jeder Bauer, aber nicht etwa sein ganzes Feld, sondern meistens ¼, höchsten ½ Morgen, und sehr wenige besonders reiche Bauern, merere Morgen, doch schwerlich einer über 10 Morgen, gepflanzt hat, je nachdem es einer mit Dung und Arbeitern [hat] zwingen können. Da nun ferner die ganze Cultur, sich gewiß nicht über 10 Stunden (vielleicht keine 6) in der Runde um Pfungstadt extendirt, [...] so lässt sich, wenn man den Umfang des Darmstädter Landes betrachtet, hieraus die Unwahrheit jenes Vorgebens leicht abnemen." (Anonym, 1783, 164)

In Frankreich hatte der Botaniker Duhamel de Monceau schon einige Jahre vor Errichtung der Pfungstädter Krappmühle über die Kultivierung des Krapp (frz. garance) und die gewerbliche Gewinnung des Farbstoffs eine Monographie veröffentlicht (Duhamel, 1765), deren Inhalt auch Eingang in die große französische Enzyklopädie von Diderot und d'Alembert fand. In Deutschland wurden die verfügbaren Informationen zur technischen Gewinnung des rohen Farbstoffs aus der Pflanzenwurzel und die Trennung von Sorten unterschiedlicher Qualität in einem Lehrbuch zusammengestellt (Jung, 1785). Auch aus dem Süden Nordamerikas kamen um 1764 Berichte über die erfolgreiche Kultivierung des Krapps. Anders als in Europa wurde er dort aus klimatischen Gründen allerdings erst nach 21 Monaten abgeerntet (Loocock, 1775).

Eine zweijährige Pflanze wie Krapp bedeutete für den Landwirt die Abkehr von der Dreifelderwirtschaft. Ihre Kultivierung war wegen der arbeitsintensiven Pflege und Ernte relativ aufwändig; außerdem musste gut gedüngt werden, oft unter Zukauf von Viehdung. Die Aufbereitung der Krappwurzeln erforderte teure Trockenhäuser für die Darre und die Stampfmühlen. Eine genaue Kalkulation in Holland ergab 5 - 6-mal höhere Kosten als für die Erzeugung von Weizen. Zudem waren die Erfahrungen zur Krappverarbeitung trotz vorhandener landwirtschaftlicher Ratgeberliteratur lange Zeit nicht frei zugänglich, d. h. die Herstellung des Farbstoffs blieb meist das implizite Wissen von Eingeweihten (Engel, 2009, 248).

Von der technischen Gewinnung des Krapps bis hin zum Färben war aber noch ein weiter Weg. Bei der Zerkleinerung der Krappwurzel ließen sich vier verschiedene Qualitätsstufen erzielen: Der sich aus der äußeren Wurzelrinde beim ersten Stampfen lösende Mullkrapp war die viertbeste Qualität, die dritte Handelsklasse umfasste das äußere Wurzelmark nach zweitem Stampfen. Beim dritten Stampfen gelangte man an das innere Mark, die erste Qualität. Eine zweite Qualität wurde schließlich durch Mischen der ersten und dritten erzeugt (ebd., 2009, 91; Wiesner, 1903, 538-548).

Ein lange geheim gehaltenes Färbeverfahren mit Krapp war die Türkischrotfärberei der Baumwolle. In einem komplexen Färbevorgang schafften es türkische Färber, mit Krapp ein feuriges Rot herzustellen. Bekannt wurde dieses Verfahren in Frankreich erst im 17. Jahrhundert, nachdem Einwanderer die Einzelheiten des komplexen Arbeitsvorgangs verrieten und so einen Aufschwung für den Krappanbau im Elsass und in der Provence auslösten (Struckmeier, 2011, 99-103).

Die Krappfabrik in Pfungstadt wurde bereits nach 1810 aus wirtschaftlichen Gründen geschlossen und auch der Krappanbau ging insgesamt während der 1820er Jahre zurück (Crome, 1822, 188). Erst einige Jahre später stellte man systematische Versuche zum Färben von Textilien mit den alizarinhaltigen Farbstoffen (Schunck, 1848, 286-304) vieler Krappqualitäten aus verschiedenen Herkunftsregionen an (Abb. 16 u. 17). Der Chemiker Friedlieb Ferdinand Runge, der 1834 als erster Anilin aus Steinkohlenteer isoliert hatte und somit einer der Wegbereiter der späteren synthetischen Farbstoffe wurde, beschrieb 1835 in einer Monographie im Auftrag des „Vereins zur Beförderung des Gewerbefleißes in Preußen" die einzelnen Arbeitsschritte der Färbetechnik. Damit nahm er ihr endgültig den Charakter einer alchimistischen „Geheimwissenschaft". Dem Buch fügte er zahlreiche nach Serienversuchen im Labor hergestellte Original-Farbmuster aus Kattun bei, um die Bedeutung der gewählten Verfahrensschritte für Färber und Laien hervorzuheben (Runge, 1835).

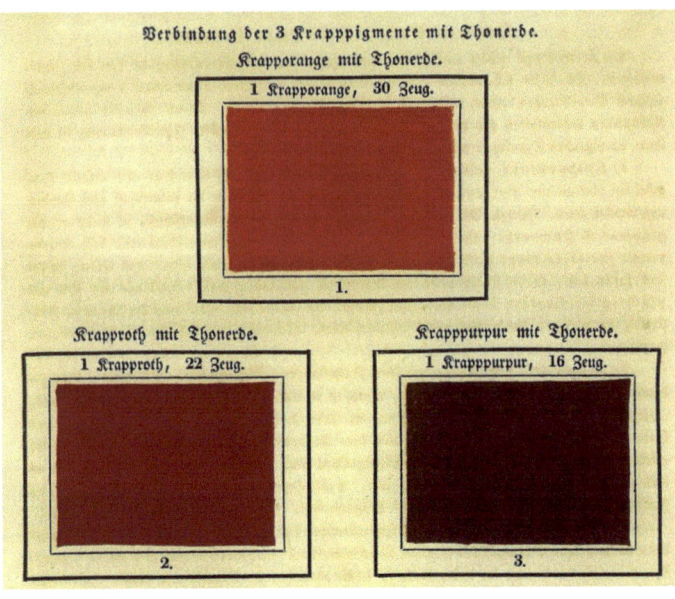

Abb. 17:
F. F. Runges Färbeversuche
für Leinen mit vier
verschiedenen Krappfarben
ohne und mit Kleie als
Beizmittel.

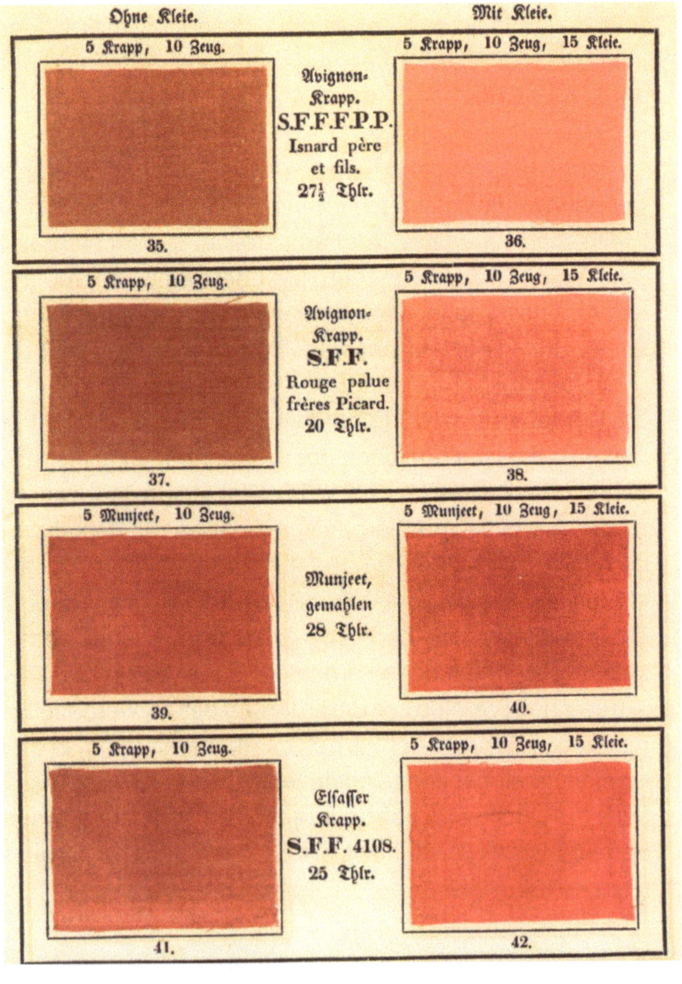

Abb. 16:
F. F. Runges Färbeversuche
zur Färbung von Kattun
mit drei verschiedenen
Krappfarben und
Tonerde als Hilfsmittel.

Abb. 18: Französische Soldaten in den 1870er Jahren (frz. Postkarte)

Nachdem in Frankreich der Krappanbau nach Revolution und den sich anschließenden Kriegen stark zurückgegangen war, befahl König Louis Philippe im Jahr 1830 der Armeeführung, französische Soldaten hätten mit Krapp gefärbte Uniformteile zu tragen. Dadurch subventionierte Frankreich den Krappanbau und eroberte seine zuvor führende Stellung als Lieferant des roten Farbstoffs zurück. Noch 1881 wurden in Südfrankreich etwa 25 000 Tonnen Krapp hergestellt, mehr als ein Drittel der Weltproduktion. Noch bis zum Beginn des ersten Weltkriegs trugen französische Soldaten rote mit Krapp gefärbte Hosen und Mützen (Abb. 18), bevor diese auffälligen Uniformstücke den Anforderungen des „modernen" Krieges weichen mussten.

4 Künstliches Ultramarinblau

Über eine genauere Analyse des Lasursteins berichtete im Jahr 1758 Andreas Marggraf, letzter bedeutender Chemiker im Zeitalter der Phlogistontheorie, nachdem Bemühungen anderer Naturforscher des 17. und frühen 18. Jahrhundert erfolglos geblieben waren. Marggraf reinigte den Stein zunächst von den Bestandteilen Pyrit und Kalk und bestätigte danach die Abwesenheit von Kupfer durch Auftropfen der sauren Aufschlusslösung auf ein poliertes Eisenblech, wobei sich kein Kupfer abschied (Marggraf, 1758, 10). Kupfer als „färbendes Prinzip" des Lapis Lazuli konnte er so ausschließen. Später geäußerte Vorwürfe, Marggraf habe den Eisenhalt des Steines als Ursache der Blaufärbung betrachtet (Eisen hatte er zuvor qualitativ durch eine Berliner Blau-Reaktion nachgewiesen), erwiesen sich als unhaltbar (Schmauderer, 1969b, 155). Einer von Marggrafs Schülern war Martin Heinrich Klaproth, der sich, beeindruckt von den Experimenten Lavoisiers zur Stoffumwandlung der Metalle, völlig von der Phlogistontheorie abgewandt hatte. In seinem Lehrbuch zur Untersuchung mineralischer Stoffe beschrieb er auch den natürlichen Lasurstein und fand folgende Zusammensetzung: 46% Kieselerde, 14,5% Alaunerde (Tonerde), 6,5% Gips, 28% kohlensaure Kalkerde, 3% Eisenkalk und 2 % Wasser (Klaproth, 1795, 196).

Mit diesen Untersuchungsergebnissen hatten die um 1800 einsetzenden Überlegungen zur Herstellung von künstlichem Ultramarin bereits eine solide Grundlage. Aufmerksame Beobachter fanden in dieser Zeit manchmal blaue Verfärbungen bei der Herstellung technischer Produkte wie Kalk, Soda und Schwefelsäure. Auch Goethe trug als ernst zu nehmender Naturforscher und Kenner von Gesteinen und Mineralien zu diesem Wissen bei. Bei der Schilderung seiner italienischen Reise berichtete er am 13. April 1787 vom Entstehen einer blauen Substanz in den Öfen der Kalkbrenner in der Nähe von Palermo und beschrieb das „Feuererzeugnis ihrer Kalköfen" so:

> „In diesem befindet sich nach dem Brande eine Art Glasfluß, welcher von der hellsten blauen Farbe zur dunkelsten, ja zur schwärzesten übergeht. Diese Klumpen werden, wie anderes Gestein in dünne Tafeln geschnitten, nach der Höhe ihrer Farbe und Reinheit geschätzt und anstatt Lapislazuli beim Furnieren von Altären, Grabmälern und andern kirchlichen Verzierungen mit Glück angewendet.." (Goethe, 1968, 224)

4.1 EIN WETTBEWERB UND SEINE FOLGEN

Die Voraussetzungen für die angestrebte Synthese des blauen Natursteins waren erst gegeben, nachdem der französische Chemiker Nicolas Clément zusammen mit seinem Schwiegervater und Laborassistenten Charles Désormes eine chemische Analyse vorgelegt hatte, die im Vergleich zu späteren Untersuchungsergebnissen bewundernswert genau war. In ihrer Veröffentlichung vom 27. Januar 1806 gaben sie folgende prozentuale Zusammensetzung des Minerals an (Désormes u. Clément, 1806, 317).

[Übersetzung und neuere Bezeichnung in Klammern]

Silice [Kieselerde, Siliciumdioxid]	35,8
Alumine [Tonerde, Aluminiumoxid]	34,8
Soude [Soda, Natriumkarbonat]	23,2
Soufre [Schwefel]	3,1
Chaux carbonatée [Kalk, Calciumkarbonat]	3,1

Kalk und geringe Eisenanteile betrachteten die beiden Chemiker als Nebenbestandteile des natürlichen Rohmaterials. Im letzten Satz ihres Textes drückten Clément und Désormes ihre Hoffnung auf eine industrielle Zukunft des Blaupigments aus: „Puisse ce premier essai sur une substance aussi peu connue et aussi singulière être suivi de sa production artificielle!" [„Möge dieser ersten Laborprobe einer so wenig bekannten und einzigartigen Substanz ihre technische Herstellung folgen!" H.H.R.]

Es sollte allerdings noch zwei Jahrzehnte dauern, bis dieses Ziel erreicht wurde. Als man beim Abbruch der Sodaöfen von St. Gobain und der Glaubersalzöfen von Lille 1814 blaue Rückstände im Mauerwerk fand, bestätigten Analysen die Vermutung der Chemiker: Die blaue Farbe entstand offenbar beim Erhitzen von Kieselsäure und Tonerde, allerdings nur in Gegenwart schwefelhaltiger Verbindungen wie Calcium- oder Natriumsulfid. Diese und ähnliche Beobachtungen auch an anderen Orten nährten die Hoffnung auf eine erfolgreiche Herstellung von künstlichem Ultramarin (Schmauderer, 1969b, 158).

In Deutschland wurde 1823 für ein „Verfahren zur Fertigung einer blauen Farbe, welche an Schönheit, Kraft und Fülle den Ultramarin [...] ersetzen kann, und weniger kostet", vom Verein zur Beförderung des Gewerbefleißes in Preußen eine goldene Denkmünze sowie 100 Taler ausgelobt. Auch die württembergische Regierung gedachte den landwirtschaftlichen Preis des Jahres 1829 für ein Verfahren zur Gewinnung künstlichen Ultramarins zu vergeben. Der entscheidende Durchbruch kam jedoch aus Frankreich: 1824 setzte die „Société d'Encouragement pour l'Industrie Nationale" in Paris einen Preis von 6000 Francs aus für die „Entdeckung eines wohlfeilen Verfahrens zur Bereitung eines künstlichen Ultramarins, das dem aus dem Lasurstein gewonnenen vollkommen ähnlich wäre und zu 300 Franken je Pfund geliefert werden könnte". Preisträger wurde Jean Baptiste Guimet, ein Absolvent der Ecole Polytechnique und seit 1818 bei der staatlichen Pulver- und Salpeterverwaltung in Toulouse beschäftigt. Am 4. Februar 1828 gab der bekannte französische Naturwissenschaftler Gay-Lussac den Namen des Laureaten bekannt und lobte dabei die Qualität des hergestellten Produkts. Gleichzeitig und unabhängig von Guimet erfand der deutsche Chemiker Christian Gottlob Gmelin in Tübingen das künstliche Ultramarin (Gmelin, 1828, 360). Die Erfindungen von Guimet und Gmelin führten zu zähen wissenschaftlichen Auseinandersetzungen, da auf der einen Seite Guimet sein Versprechen eines niedrigen Farbstoffpreises nicht einhalten konnte und sich andererseits Gmelin außerstande sah, seine jahrelangen Bemühungen und Resultate ausreichend zu belegen. Noch ein dritter Erfinder war im Stillen auf den Plan getreten: Friedrich August Köttig von der Königlichen Porzellanmanufaktur in Meißen gelang es etwa zur gleichen Zeit wie Guimet und Gmelin, bei der Suche nach einer bleifreien Glasur Ultramarin zu erzeugen. Hierzu hatte er zunächst Quarzpulver, Holzkohle, Ton und Glaubersalz (Natriumsulfat) geglüht und aus dem „Fritte" genannten Zwischenprodukt eine blaue Substanz erhalten. Köttigs Ergebnisse blieben aber zunächst aber ein Betriebsgeheimnis, so dass die Arbeitsschritte seiner Entwicklung erst viel später veröffentlicht werden konnten (Heintze, 1891, 98). Auf Einzelheiten des komplizierten Prioritätenstreits wird hier verzichtet und stattdessen auf drei Veröffentlichungen des Wissenschaftshistorikers Eberhard Schmauderer vom Deutschen Museum verwiesen (Schmauderer, 1969 a-c).

Im Jahr der Preisverleihung richteten Guimet in Toulouse und Köttig in Meißen kleinere Manufakturen zur Herstellung von künstlichem Ultramarins ein. Die erste Ultramarin-Farbstofffabrik im eigentlichen Sinne baute ab 1834 Carl Leverkus in Wermelskirchen im Bergischen Land. Wenig später folgten weitere Unternehmen wie das Büchnersche in Pfungstadt, wodurch das Ende der Herstellung und Verwendung von natürlichem und teurem Blaupigment aus Lapis Lazuli eingeläutet wurde.

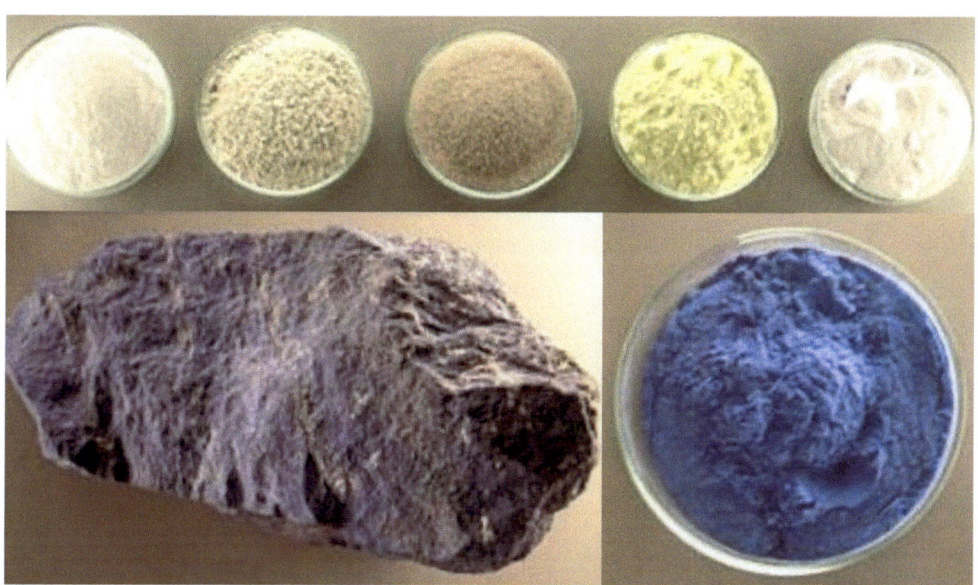

Abb. 19: Rohstoffe der Ultramarinproduktion: oben v. l. n. r. die Farben von Natriumsulfat, Kaolin, Quarz, Schwefel, Natriumkarbonat, unten Lapis Lazuli und künstliches Ultramarin. (Foto: G. Wolfschmidt)

4.2 DIE ULTRAMARINFABRIK VON WILHELM BÜCHNER

Der Ursprung der in Pfungstadt durch den Unternehmer Wilhelm Büchner geplanten neuen Ultramarinfabrik war nicht die ehemalige Krappfabrik, sondern eine nach deren Schließung auf dem Gelände entstandene Zuckerfabrik. Wie aber kam es zu der Entscheidung Büchners und was versetzte ihn in die Lage, ein derartiges unternehmerisches Risiko einzugehen?

Am 13. November 1831 schrieb der 15-jährige Wilhelm Büchner aus Darmstadt an seinen Bruder Georg in Straßburg:

> „ Das erste ist, Dir zu sagen, daß sich hier mehrere tüchtige Männer mit einander verbunden haben, wie Herr Ökonomierat Papst, Herr Doctor Moldenhauer, Herr Doctor Külp, Herr Doctor Schnittspan und noch mehrere, welche Vorlesungen über Mineralogie, Chemie, Physik, Mathematik, Ökonomie, Tierarzeneikunde und noch einige andere, in der Meierei halten, von welchen ich den 4 ersten beiwohne und welche mir sehr viel Unterhaltung und Vergnügen gewähren. Morgens gehe ich noch in die Apotheke." (Büchner, W., 1831)

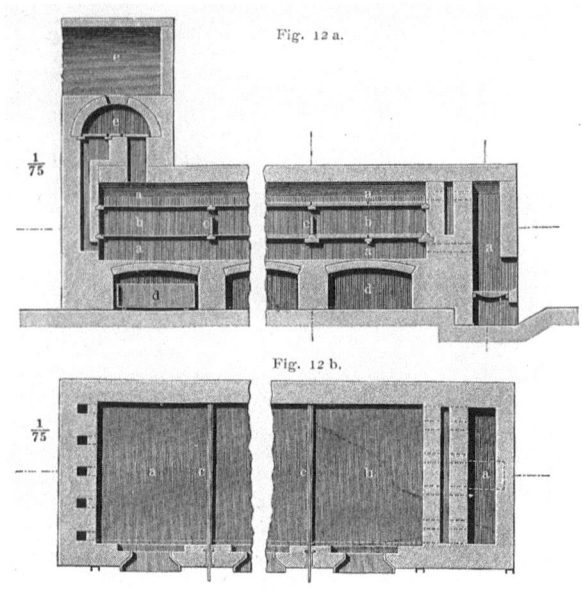

Abb. 20: Ofen für die „Calcinierung"
des Rohbrandes bei der Ultramarin-
gewinnung (Hoffmann, 1902)

Die im Brief genannten Personen hatten auf dem Hofgut
Kranichstein eine Einrichtung
zur Weiterbildung gegründet,
die Wilhelm eine Zeit lang
besuchte. Bald aber begann
er in Zwingenberg an der
Bergstraße in der Hofapotheke
von Dr. Ferdinand Winkler mit
einer Ausbildung als Apothe-
kengehilfe. Seine Abschlussprüfung bestand er vor dem Großherzoglich-Hessischen
Medizinalkolleg in Darmstadt. Bruder Georg schrieb ihm am 2. September 1836 aus
Straßburg über seine eigenen Pläne:

„ Ich habe mich jetzt ganz auf das Studium der Naturwissenschaften und
der Philosophie gelegt, und werde in Kurzem nach Zürich gehen, um in
meiner Eigenschaft als überflüssiges Mitglied der Gesellschaft meinen
Mitmenschen Vorlesungen über etwas ebenfalls höchst Überflüssiges,
nämlich über die philosophischen Systeme der Deutschen seit Cartesius
und Spinoza, zu halten." (Büchner, G., 1879, 368)

Im Wintersemester 1836/37 immatrikulierte sich Wilhelm an der Universität Heidelberg für das Studium der Pharmaziem; sein Chemieprofessor war Leopold Gmelin,
Cousin des Ultramarinerfinders Christian Gottlob Gmelin. Während des Studiums
schien sich die Mutter Sorgen um seine Zukunft gemacht zu haben: In einem Brief an
Georg in Zürich nannte sie Wilhelm einen „gar zu großen Kindskopf". (Nach Wilhelm
Büchners Tod im Jahr 1892 bezeichnete ihn Alexander Büchners Frau Martha scherz-
haft und liebevoll „der dumme Bub".) (Böhnke/Brunner/Sarkowicz, 2008, 33)

1837 antwortete Justus Liebig auf einen Brief des Vaters Ernst Büchner und bot darin
dessen Sohn Wilhelm einen Arbeitsplatz in seinem Gießener chemischen Laborato-
rium an. Etwa 20 in- und ausländische Studenten waren dort beschäftigt, davon die
Hälfte Chemieanwärter und der Rest überwiegend Pharmazeuten. Liebig versuchte
während dieser Zeit seinen bisherigen Arbeitsschwerpunkt allmählich von der anorganischen Chemie in Richtung Organik, und hier insbesondere auf Anwendungen in

der Agrikulturchemie, zu verschieben (Holmes, 1989, 156; Munday, 1991: dort werden die Büchners mehrfach erwähnt). Das Labor war angenehm und zweckmäßig eingerichtet und galt unter Eingeweihten als das „besteingerichtete Unterrichtslaboratorium der Welt". Liebigs Schüler lernten hier nicht nach bekannten Vorschriften, sondern sie sollten sich möglichst früh mit wissenschaftlichen und praktischen Fragestellungen vertraut machen. Auf diese Weise würden sie nach Liebigs Auffassung in die Lage versetzt, später selbst Unternehmen zu leiten, ohne dort von der Pike auf gelernt zu haben. Für die Ausbildung verwendete man in Gießen unter anderem das bewährte und 1838 in vierter Auflage erschienene „Handbuch der analytischen Chemie" von Heinrich Rose, das 1841 durch die „Anleitung zur qualitativ-chemischen Analyse" von Liebigs Assistent Carl Remigius Fresenius ergänzt wurde (Poth, 2002, 19). Kurz vor 1840 und damit zu der Zeit von Büchners Aufenthalt begann die Zahl der in Liebigs Labor tätigen Studenten auf 60 zu steigen, so dass Liebig eine bauliche Erweiterung für notwendig hielt.

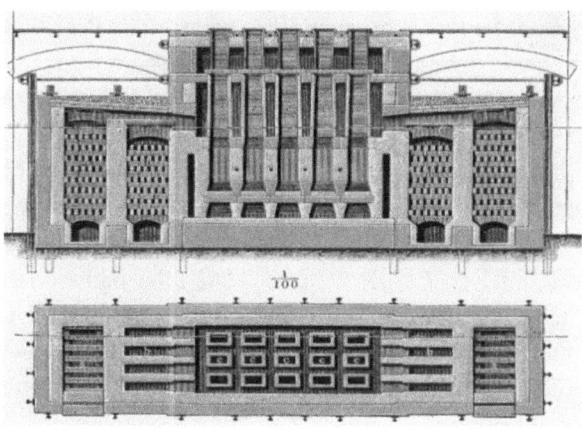

Abb. 21: Anordnung der Ofenelemente (Hoffmann, 1902)

Wilhelm Büchner beendete 1838 seine kurze Studienzeit in Gießen, legte die Staatsprüfung für den Apothekerberuf vor dem Großherzoglichen Medizinal-Kolleg in Darmstadt ab und erhielt damit die Erlaubnis, selbständig eine Apotheke zu führen. Doch er hatte anderes im Sinn: 1841 begann er im

Abb. 22: Tiegelofen (Hoffmann, 1902)

elterlichen Haus mit der Herstellung von gebleichtem Schellack, Möbelpolituren und Firnissen und gründete 1842 mit seinem Partner Hermann Wilkens in Darmstadt ein eigenes chemisches Unternehmen auf dem Gelände einer ehemaligen Fabrik für Stearinkerzen. Als hier seine Versuche zur Herstellung von künstlichem Ultramarin erfolgreich zu werden versprachen, verkaufte er 1845 die Schellackproduktion an den Mainzer Unternehmer Carl Ludwig Marx (Penning, 2011, 18), interessierte sich aber weiterhin für diesen Rohstoff, dessen Untersuchung und Aufbereitung ihm erhebliche Probleme bereitet hatte (Büchner, W., 1846, 96). Erst nachdem Büchner in Pfungstadt das Gelände der ehemaligen Frankensteiner Mühle an der Modau für den Bau einer Ultramarinfabrik erworben und sich von seinem Partner Wilkens getrennt hatte (Wilkens blieb dem Ultramarin in einer Fabrik in Kaiserslautern verbunden; s. Wilkens, 1856), widmete er sich jetzt ganz diesem blauen Farbstoff. In unveröffentlichten "Familiennotizen" ist über diese Zeit zu lesen: „Mit Herrn Wilkens associierte ich mich unter der Firma Büchner + Wilkens, mietheten die ehem. Stearinfabrik in Darmstadt und kauften den 1. April 1845 die ehem. Zuckerfabrik in Pfungstadt zu f 9000. Im July 1846 zog ich nach Pfungstadt und [von / an] 9. October 1848 übernahm ich das Geschäft [?] unter die Firma Wilhelm Büchner, und zog im November 48 auf die Fabrik über." (Depositum Manfred Büchner, o. Z.) Justus Liebig als damals bekanntester deutscher Chemiker stand vermutlich unter dem Eindruck des Erfolges seines ehemaligen Gießener Schülers, als er zur Bedeutung des Ultramarins feststellte:

> „Der Ultramarin war theurer wie Gold, seine Darstellung schien unmöglich zu sein, denn vergebens hatte die Analyse nach einem färbenden Bestandteil gesucht; er enthielt kein Pigment; Kieselerde, Thonerde, Natron, drei farblose Materien – Schwefel und Eisen, die beide nicht blau sind – man hatte außer diesen keinen Körper gefunden, dem man die Farbe zuschreiben konnte. [...es] werden jetzt Tausende von Pfunden Ultramarin dargestellt, schöner noch wie der natürliche, und für die nämliche Summe, für die man früher nur eine Unze bekam, kauft man heute mehrere Pfunde."
> (Liebig, 1843, 12)

Wie aber stellte man Ultramarin damals industriell her? Die Hersteller arbeiteten entweder nach dem Soda- oder dem Sulfatverfahren. Dementsprechend bestanden die verwendeten Rohstoffmischungen aus Quarz, Kaolin, Soda und Schwefel bzw. aus

Ultramarinfabrik Wilhelm Büchner

Actien-Gesellschaft

Drittälteste Fabrik **Pfungstadt bei Darmstadt.** *Errichtet 1841*

Ultramarine jeder Art.

Specialitäten sind:

Alaunfeste, leicht zertheilbare Papier-Ultramarine.

Für Tapeten-, Calicotdruck und Bleichereien.

Extra präparirte Ultramarine für Stein- und Typendruck.

Teig-Ultramarine mit Hochglanz für Buntpapier- und Cartonnage-Fabrikation.

Waschblau-Pastillen, der Wäsche schönen Glanz gebend in schöner eleganter Packung.

Leistungsfähigkeit per Jahr 750,000 Kilogr.

Unsere sämmtlichen Ultramarine zeichnen sich durch grosse Feinheit und hohe Färbekraft aus.

Abb. 23: Plakat der Ultramarinfabrik Wilhelm Büchner, Pfungstadt

Quarz, Kaolin und Glaubersalz (Natriumsulfat); beide wurden meist mit Kohle versetzt (Abb. 19). Daneben gab es Mischrezepte, bei denen Soda, Glaubersalz und Schwefel gemeinsam eingesetzt wurden. Die Unternehmen von Leverkus in Wermelskirchen und von Leykauf in Nürnberg arbeiteten von Beginn an mit einem Mischverfahren, während Büchners Fabrik wie auch Köttig in Meißen zunächst die Sodamethode bevorzugten (Lichtenberger, 1865, 14) und offenbar erst später verschiedene Mischungen verwendeten. [H.H.R: Lichtenberger ordnete die Büchnersche Fabrik fälschlicherweise nur dem Sodaverfahren zu.]

Die verschiedenen Mixturen wurden zunächst in Tiegeln oder Kästen aus feuerfestem Ton geglüht (Rohbrand); das dabei entstandene und zunächst grün gefärbte Zwischenprodukt wurde anschließend fein gemahlen und unter Schwefelzusatz bis zur Blaufärbung geröstet (Feinbrand). Danach wurde nass gemahlen, geschlämmt, getrocknet und gesiebt. Von einem allseits erprobten Verfahren konnte man in den 1840er Jahren allerdings noch nicht sprechen, da viele Randbedingungen und Arbeitsschritte nur schwer zu kontrollieren waren, z. B. das Einhalten von exakten Glühtemperaturen. Erst viel später erschienen die ersten technisch bewährten und ausgereiften Fabrikationsanleitungen (Fürstenberg, 1864; Lichtenberger, 1865).

Eines der Kernstücke einer Ultramarinfabrik wie der von Wilhelm Büchner in Pfungstadt war der Ofen für die „Calcinierung" des Rohbrandes mit der Anordnung der Ofenelemente, außerdem ein Tiegelofen für den Feinbrand. (Abb. 20 - 22)

Glanz und Feuer der Ultramarinfarbe hingen nicht zuletzt von der fein differenzierten Zusammensetzung der Rohstoffe und deren sorgfältiger Aufbereitung ab. So sollte der verwendete Ton möglichst eisenfrei sein, Sand- und Feldspatanteile mussten durch Schlämmen entfernt werden, und anschließend wurde so fein wie möglich gemahlen. Auch die anderen Einsatzstoffe unterlagen einer genauen Qualitätskontrolle. Trotz der noch ungeklärten Konstitution und Struktur des Ultramarins war die sorgfältige analytische Prüfung von Zwischen- und Fertigprodukten, insbesondere der weißen „Ultramarinmutter" und des grünen Ultramarins, von ausschlaggebender Bedeutung für den Verkaufserfolg. Hier war Wilhelm Büchner als gelernter Apotheker in seinem Element, sicherlich mehr als bei der technischen Fabrikplanung oder bei Problemen der Energiebereitstellung für die Glühöfen. 1854 schrieb er im Polytechnischen Centralblatt über die Färbekraft des fertigen Produkts:

> „Daß das Ansehen einer Farbe, ob dunkel oder hell, immer nur den äußeren Reflex darbietet und bei gleichem Aeßeren einen großen Unterschied in dem Farbenvermögen zulässt, weiß jeder Farbenverständige. Um diesen Unterschied leicht zu erkennen, bedarf es der Verdünnung der zu untersuchenden Farbe, und bei Ultramarin nimmt man gewöhnlich einen weißen pulverigen Körper. An Utensilien ist eine feine Waage, ein Reibschälchen, [...] Schwerspat oder Bleiweiß nöthig." (Büchner, W., 1854, 378)

Serienversuche mit Mischungen müssten sehr sorgfältig vorgenommen werden, doch seien sie für einen Qualitätsvergleich unverzichtbar, und man sei immer wieder überrascht, welche unterschiedliche Farbkraft Ultramarin besitze. Und er fuhr fort: „Der Verfasser trägt sich schon lange mit dem Gedanken, zur Erleichterung der Gewerbetreibenden die Färbekraft durch Grade auszudrücken. Es fehlt jedoch hierzu an einer Einheit für die Scala." Büchner war außerdem davon überzeugt, dass der Preis einer Ware nur über die Qualität festgestellt werden könne: „Wer deshalb Preisvergleichungen anstellen will, unterlasse nicht, zugleich die inneren Eigenschaften des Ultramarins mit zu Rathe zu ziehen und hiernach seine Ansicht zu regeln." (Ebd., 379) Nicht zuletzt durch die Sorgfalt bei Produktion und Qualitätskontrolle erzielte das Ultramarin aus

Abb. 24: Waschblau-Etiketten der Ultramarinfabrik Wilhelm Büchner für den spanischsprachigen Markt (Foto. P. Brunner)

Pfungstadt in den folgenden Jahrzehnten große Anerkennung: Büchners Farbmuster erhielten 1851 neben denen anderer deutscher Hersteller auf der ersten Weltausstellung in London eine Preismedaille und wurden als hervorragende Leistungen der deutschen Industrie bezeichnet (Abb. 23).

Die beherrschende Stellung der deutschen Erzeuger und Anbieter von Ultramarin – dies zeigten die beiden Weltausstellungen in London und Paris – beruhte vor allem auf der Reichhaltigkeit der angebotenen und reproduzierbaren Nuancenpalette und den zahlreichen Zubereitungsformen, vom Teigblau über Holzlack bis zum Waschblau. Insbesondere dieses Büchnersche Produkt wurde auch international sehr geschätzt (Abb. 24).

An eine direkte technische Nachahmung durch Neuunternehmer war trotz Ablauf erster Patente mit ihren recht einfachen Fabrikationsanleitungen noch kaum zu denken. Entscheidend für den wirtschaftlichen Erfolg schienen die exakte Analyse der verwendeten Rohstoffe, die Ergebnisse der Erprobung am Versuchsofen und insbesondere eine lange praktische Erfahrung der Mitarbeiter unter eingespielten Fertigungsbedingung zu sein. Hersteller und Mitarbeiter hielten sich insbesondere in der technischen Chemie einem Kreis von Eingeweihten zugehörig; der Wissenschaftshistoriker Schmauderer sprach gar von einem „Arkanismus" auf diesem Gebiet (Schmauderer, 1971, 157). Wahrscheinlich war diese Situation am Ende des 19. Jahrhunderts einer der Gründe für den Rückgang der deutschen Ultramarinproduktion und die Liquidation zahlreicher Unternehmen.

4.3 KÜNSTLICHES ULTRAMARIN ALS MASSENPRODUKT UND DAS ENDE DER PRODUKTION IN PFUNGSTADT

Wilhelm Büchner befand sich als Unternehmer ab Mitte der 1850er Jahre auf einem erfolgreichen Weg und wurde von seinen Mitarbeitern und den Bürgern der Stadt sehr geschätzt (Abb. 25). Darüber hinaus trat er auch politisch in Erscheinung: So zog er als überzeugter Republikaner 1849 als Abgeordneter für den Wahlkreis Zwingenberg in den Darmstädter Landtag und Ende der 1870er Jahre als Mitglied der Fortschrittsparteil für den Wahlkreis Darmstadt–Groß Gerau sogar in den Reichstag ein. Näheres über den Privatmann und Politiker Büchner findet sich in Boehnke/Brunner/Sarkowicz, 2008.

In Pfungstadt löste Wilhelm Büchner mit seiner Farbstofffabrik nicht nur Begeisterung aus. Zwar war er der größte Arbeitgeber der kleinen Stadt, doch muss man den „Umweltschutz" im heutigen Sinn noch als völlig unzureichend bezeichnen. Blaue Staubpartikel lagen auf den Gebäuden und den landwirtschaftlichen Flächen der Umgebung; Luftfilter gab es noch nicht. Derartige Probleme in der Frühzeit der chemischen Industrie wurden damals und bis weit ins 20. Jahrhundert hinein auch an Standorten großer Farbstoffunternehmen als unvermeidlich betrachtet und als Preis für die industrielle Entwicklung ganzer Regionen weitgehend hingenommen.

Die Produktionsmenge für Ultramarin in Wilhelm Büchners Fabrik betrug im Jahr 1862 184 t, 10 Jahre später war sie auf 642 t gestiegen und lag gleichauf mit der von Leverkus in Wermelskirchen hergestellten Menge. Während der 1850er Jahre gab es in Pfungstadt etwa 30 Beschäftigte, 1884 erreichte die Zahl mit 100 ihren Höhepunkt. Für den Energiebedarf der Brennöfen wurde zunächst einheimischer Torf als Brennstoff verfeuert, 1860 kam ein eigenes Gaswerk hinzu, dessen Rohgas zur indirekten Beheizung der Calcinier- und Muffelöfen diente. In den 1870er Jahren benötigte man für die Gasherstellung

Abb. 25: Wilhelm Büchner als erfolgreicher Unternehmer, ca. 1860 (Foto: Familienbesitz s. Brunner, 2015

Abb. 26: Wilhelm und Ernst Büchner, ca. 1870
(Foto: Familienbesitz, s. Brunner, 2015)

2500 t Steinkohle pro Jahr, die bis zum Bau der Stichbahn Eberstadt – Pfungstadt mit Pferdefuhrwerken im Rheinhafen von Gernsheim abgeholt wurde. Die erste Dampfmaschine mit einer Leistung von 8 Pferdestärken wurde 1852 beschafft, weitere Maschinen mit größerer Leistung folgten später (Hildebrandt, 1985, 236).

Wilhelm Büchners Sohn Ernst, der 1882 die Leitung des Betriebes übernahm (Abb. 26), schien zunächst mehr als sein Vater vom neuen Geist des chemisch-technologischen Fortschritts erfüllt zu sein. Als Mitarbeiter des organischen Chemikers Rudolph Fittig promovierte er in Straßburg über die Stoffe Parabromanilin und Chlorbromanilin (Büchner, E., 1875), verbesserte die Buntesche Gasbürette, erfand einen „Apparat zum Trocknen der Niederschläge" und den „Büchnertrichter". Vor allem widmete er sich aber dem Ultramarin und berichtete in der Deutschen Chemischen Gesellschaft über seine Erfahrungen, etwa 1879 über die Herstellung von rotem und gelbem Ultramarin (Büchner, E., 1979a). Im selben Jahr erfand er ein Kalorimeter, das die Schmelzpunkte einer Reihe von Metalllegierungen nutzte und die Ofensteuerung vereinfachte. Nach seinen Beobachtungen konnte so eine Temperatur von 850 °C bis 900 °C im Muffelofen recht gut eingehalten werden. Als er in Pfungstadt im Ausbruch des rohen Ultramarins nach Erkalten des Ofens oktaedrische alkohollösliche Kristalle beobachtete, erwachte sein Spürsinn als organischer Chemiker (Büchner, E., 1879b). Nach Einstellung der Pfungstädter Produktion im Jahr 1890 und dem Verlust seiner Stellung als Firmenleiter fasste Ernst Büchner seine Kenntnisse in einem größeren Text noch einmal zusammen und firmierte nach seiner Übersiedlung nach England als „Ultramarintechniker in Hull" (Büchner, E., 1893, 142).

Ernst Büchner als hauptsächlichen Verursacher der sich schon Anfang der 1880er Jahre abzeichnenden Unternehmensschwierigkeiten zu betrachten, berücksichtigt die allgemeinen Branchenprobleme der damaligen Zeit nicht in ausreichender Weise. Ob zu den von außen kommenden Problemen zusätzlich betriebliche Fehlleistungen hinzutraten, lässt sich ohne die Kenntnis von Einzelheiten nicht mehr beurteilen. Vermutlich war die Betriebsübernahme 1882 durch Ernst Büchner bereits ein „Danaergeschenk" seines Vaters. Das Steuer konnte er nicht mehr herumreißen. Nach einigem Vorlauf schlossen sich schließlich 1890 deutsche Unternehmen, darunter das der Büchners, zu den Vereinigten Ultramarin-Fabriken zusammen. Von außen betrachtet erschien Ernst Büchner nach dem Tod seines Vaters im Jahr 1892 als orientierungslos, was in ihm vorging, wissen wir nicht. 1925 nahm er sich fünf Tage nach dem Tod seiner Frau das Leben (Sella/Brunner, 2010).

Deutschland als Haupterzeugungsland für Ultramarin kam beim Export des Stoffes spätestens ab 1880 in Schwierigkeiten, weil in einigen Ländern Europas und in den Vereinigten Staaten neue Farbenfabriken entstanden waren. Zudem schien die Reifekurve der Produktinnovation schon vorher überschritten: Ein vom Verein deutscher Ultramarinfabriken 1874 in einem Preisausschreiben ausgesetzter Betrag von 1000 Reichsmark „für die beste wissenschaftliche und experimentelle Arbeit über die Verbindungsweise des Schwefels im Ultramarin und dessen chemische Constitution" war dafür ein Signal (Anonym, 1874, 88). Produktnachahmer traten nun vermehrt auf den Plan. Manche Firmengeschäfte litten auch unter „Patent-marodeuren", die wegen der noch unzureichenden Arbeitsweise der Patentämter sofort nach Veröffentlichung eines neuen Verfahrens dem Erfinder den Patent-anspruch vor der Nase wegschnappten und diesen bei zu geringen Erfolgsaus-sichten auch wieder fallen ließen (Schmauderer, 1971, 161). Im Jahr 1893, als die Krise der deutschen Ultramarinhersteller ihren Höhepunkt erreichte und die Büchnersche Fabrik in Pfungstadt ihre Produktion bereits eingestellt hatte, fasste Direktor Otto Jordan von der Hannoverschen Ultramarinfabrik in einem Vortrag die jüngste Misere der Branche so zusammen:

> „Im Laufe der 80er Jahre trat abermals eine Reduction der Zahl der bestehenden Fabriken ein, da inzwischen durch grosse Überproduction die Preise derartig gefallen waren, dass die meisten Fabriken zufrieden waren, wenn sie noch ohne Unterbilanz abschlössen, von eigentlichem Verdienst also keine Rede sein konnte. Auch einer seit 1890 eingetretenen Vereinigung der Hauptproducenten Deutschlands wird es schwer, eine Sanirung des Ultramaringeschäfts zu erzielen." (Jordan, 1893, 686)

Jordans Ausführungen, die auch auf die Betriebsweise von Unternehmen eingingen, lassen aus heutiger Sicht mehrere Deutungen für den allmählichen Niedergang deut-scher Ultramarinfabriken zu: 1. Änderungen der Ein- und Ausfuhrzölle für Rohstoffe

Abb. 27: Pfungstädter Blaufabrik, vermutl. letztes Bild vor der Sprengung der Schornsteine. Hdschr. von E. Büchner auf der Bildrückseite: „Ultramarinfabrik in Pfungstadt geschleift 1904". (Foto: E. Büchner)

und Fertigprodukte waren zur Zeit des Erstarkens von Nationalstaaten durch die Unternehmen kaum kalkulierbar. 2. Manche Staaten hatten durch Subventionsanreize neue Produktionskapazitäten geschaffen. 3. Stärker gegliederte chemische Fabriken mit breiter Produktionspalette besaßen erhebliche Vorteile gegenüber Fabriken mit nur einem Produktzweig. 4. Ultramarin hatte seine Produktreife um 1890 längst überschritten; grundlegende Innovationen waren nicht in Sicht. So erschien es nur konsequent, dass sich unter Leitung der größten Einzelunternehmen – Zeltner in Nürnberg und Leverkus in Leverkusen – folgende Betriebe 1890 mit einem Gesamt-Produktionswert von 4 bis 5 Millionen RM pro Jahr zusammenschlossen (Anonym, 1893):

- Theunert und Gechler in Chemnitz
- Ultramarinfabrik Wilh. Büchner in Pfungstadt
- Horadam und Co. in Düsseldorf
- G. G. Stinnes in Ruhrort
- S. F. Holzapfel in Grab
- Hannoversche Ultramarinfabrik in Linden
- Schweinfurter Ultramarinfabrik in Oberndorf
- Actiengesellschaft Blaufarbenwerk in Marienberg
- Actiengesellschaft Sophienau in Eisfeld
- Jordan und Hecht in Oker
- Andernacher Ultramarinfabrik, J. Nuppeney und Co. in Andernach
- Gebrüder Bohl in Montabaur.

Das oben angeführte Bündel von Problemen traf die Büchnersche Fabrik in Pfungstadt besonders hart (Abb. 27), während beispielsweise Jordans Unternehmen in Hannover-Linden, die Farbenfabrik [= Ultramarinfabrik] der Aktien-Gesellschaft Georg Egestorff's Salzwerke, 1862 gewissermaßen als ein Annex der bestehenden Chemiefirma gegründet worden war.

Dort waren durch die integrierte Verwendung billiger Reststoffe wie Soda und Glaubersalz die Gestehungskosten vermutlich niedriger als in Pfungstadt, so dass in Hannover die Ultramarinherstellung bis etwa 1930 weitergeführt werden konnte. Die oben erwähnten Patentprobleme konnten vorhandene Schwierigkeiten verstärken: Während 1863 ein Kongress deutscher Volkswirte Patente noch als schädlich für das Gemeinwohl bezeichnete, sah 1869 die neue Deutsche Chemische Gesellschaft diese als nützlich an. Eberhard Schmauderer erklärte die weitere Entwicklung nach der Reichsgründung so:

> „Den Umschwung in der öffentlichen Meinung zugunsten des Erfindungsschutzes leitete 1873 der Patentkongreß im Anschluß an die Wiener Weltausstellung ein. Gerade die Gewerbe- und Industrieausstellungen hatten ein besonderes Patentschutzbedürfnis geweckt, bezweckten sie doch das genaue Gegenteil des noch häufig geübten Fabrikgeheimnisses. Noch stand ein erheblicher Teil der Industrie-Chemiker dem Patentschutz mißtrauisch-ablehnend gegenüber und bevorzugte Geheimhaltung sowie Deponate." (Schmauderer, 1971, 156f.)

Im Regierungsentwurf des ersten Reichspatentgesetzes wurde schließlich auf Wunsch der deutschen Chemieunternehmen „allein die Methode der Darstellung eines chemischen Produktes, nicht aber das Produkt selbst" als patentfähig angesehen, eine Sichtweise, die grundsätzlich noch heute gilt. (Zur Bedeutung des Patentwesens nach der Reichgründung s. Nieberding, 2004, 167-169.)

5 Krapprot und Ultramarinblau nach 1890

Die Struktur des Alizarins als dominierender Farbstoff in der Krapppflanze ließ sich bereits 1868 klären (Abb. 28), nachdem die Substanz durch eine Alkalischmelze aus Anthrachinon und Sulfonsäure künstlich hergestellt wurde. 1869 erhielt die Badische Anilin- und Sodafabrik (BASF) gemeinsam mit dem Engländer William Perkin ein Patent auf dieses Verfahren.

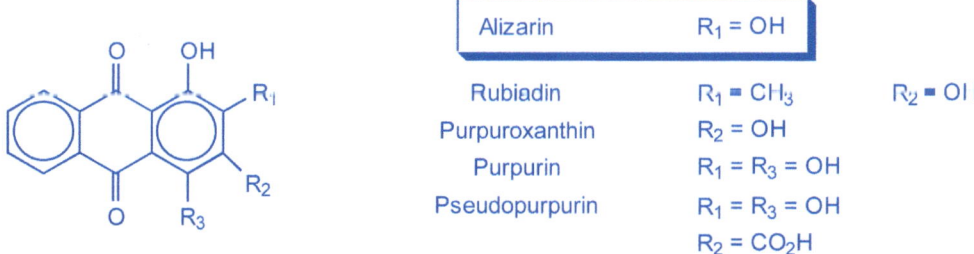

Alizarin	R_1 = OH
Rubiadin	R_1 = CH_3 R_2 = OH
Purpuroxanthin	R_2 = OH
Purpurin	R_1 = R_3 = OH
Pseudopurpurin	R_1 = R_3 = OH R_2 = CO_2H

Abb. 28: Strukturformeln von Alizarin und verwandten Farbstoffen

Synthetisches Alizarin eroberte rasch den Farbstoffmarkt und verdrängte das natürliche Endprodukt der Krappaufbereitung, da es keine instabilen Begleitstoffe enthielt und somit farbechter war. In jedem Fall bleib aber für die Textilfärbung eine Vorbehandlung durch Beizen erforderlich, um den Farbstoff auf der Faser zu fixieren. Für eine intensive Rotfärbung kochte man z. B. Baumwolle in einer Lösung von Kaliumaluminiumsulfat (Alaun) mit etwas Weinstein als Komplexmittel und erhielt so eine stabile Cellulose-Metall-Verbindung.

Bei der Auswertung antiker schriftlicher Quellen wurde 1992 über die Alaun-Beize von Wolle mit anschließender Färbung in Kahun, einer „Arbeitersiedlung" im alten Ägypten berichtet. Demnach kannte man ab 1000 v. Chr. im Umfeld der Pyramide von Sesostris II in Illahun diese Technik, da Krapp in dieser Zeit unter dem Namen „huratum" eine verbreitete Handelsware war (Germer, 1992, 15; Oppenheim, 1967). Mit den während der 1970er Jahre zur Verfügung stehenden Verfahren der analytischen Chemie ließen sich die Inhaltsstoffe des Krapp bei Bildern aus der Antike noch nicht nachweisen. Erst neue Konfigurationen der GC-MS (Gaschromatographie mit massenselektivem Detektor) ermöglichten in jüngster Zeit bei ägyptischen

Totenmasken (engl. cartonnage) und Kultobjekten aus der griechisch-römischen Antike zwischen 900 v. Chr. bis 200 n. Chr. eine Identifizierung (Scott, 2009). Auch bei Buchmalereien des frühen Mittelalters gelang ein solcher Nachweis von Farbstoffen des Krapp (Aceto, 2012).

Die Strukturaufklärung von Ultramarin erwies sich als weit schwieriger als die des Alizarins. Die Suche nach dem „färbenden Prinzip" durchzog dabei die einschlägige Fachliteratur während des gesamten 19. Jahrhunderts. Um das Phänomen der blauen Farbe zu erklären, wurden viele Hypothesen aufgestellt und wieder verworfen. Doch alle Versuche scheiterten, einen Träger der Farbe zu isolieren, und Reinhold Hoffmann stellte 1902 in seiner Monographie „Ultramarin" resigniert fest, dass seit Gmelins Erfindung des künstlichen Ultramarins immer noch gelte: „In welcher Verbindungsweise der Schwefel [...] enthalten ist, lässt sich nach unseren gegenwärtigen Kenntnissen nicht mit völliger Sicherheit entscheiden." (Hoffmann, 1902, 139) Nur die Summenformeln der verschiedenen Ultramarinsorten bei drei Produktionsverfahren könne man recht genau angeben (Ebd., 87 f.), etwa für das blaue Ultramarin:

- beim Sulfatprozess $Na_7Al_6Si_6O_{24}S_2$,
- beim Sulfat-Soda-Prozess $Na_7\frac{1}{2}Al_6Si_6O_{24}S_3$,
- beim Sodaprozess $Na_8Al_6Si_6O_{24}S_4$.

Noch 1922 hieß es im „Ullmann", einem Standardwerk der technischen Chemie:

„ Über die Formel, die Konstitution und die Ursache der Färbung des Ultramarins ist trotz unendlich vieler Untersuchungen bis zur Zeit keine Klarheit geschaffen worden. [...] Das technische Ultramarinblau ist zweifellos eine ungefärbte Grundmasse, in der das färbende Material durch Adsorption, in fester Lösung oder vielleicht auch chemisch gebunden verankert ist." (Ullmann, Bd. 11, 1922, 472 f.)

Erst als man in den 1920er Jahren neue Wege zur Erklärung submolekularer Anordnungen fand und die dafür erforderlichen Instrumente verfügbar waren, gab es Fortschritte bei der Strukturaufklärung. So bestimmten Forscher in Groningen die Gitterkonstanten des Ultramarins mit Hilfe von Röntgen-Pulverdiagrammen, um so die Position von Atomen der verschiedenen Elemente festlegen zu können. Dabei stießen sie auf die 1890 von den skandinavischen Mineralogen Brøgger und Bäckström geäußerte Vermutung über die Ähnlichkeit zwischen der Struktur des Minerals Sodalith mit der des Lasursteins. Beide Stoffe seien Alumosilikate, bei denen in einem „Sodalith-Käfig" die Hohlräume unterschiedlich besetzt sind: Im Sodalith seien es bewegliche Chloridionen, beim Ultramarin zwei oder mehr Schwefelionen. Diese Idee sollte sich als außerordentlich fruchtbar erweisen. Die Groninger Forscher bestätigten die Ähnlichkeit von Ultramarinen mit den Zeolithen, Stoffen mit einer mikroporösen Gerüststruktur aus AlO_4^{--} und SiO_4-Tetraedern. Der Ultramarin-Schwefel in den Hohlräumen des Gerüsts könne ihren Messungen zufolge keine „fixierte" Position besitzen, sondern weise eine gewisse Beweglichkeit auf (Jaeger, 1929, 345). Erst im Jahr 1936 konnte man allen Bestandteilen des Ultramarins einschließlich Schwefel feste Gitterplätze in der kristallographischen Elementarzelle zuordnen (Podschus, 1936).

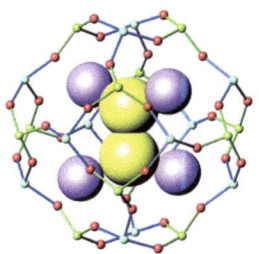 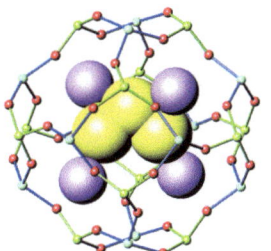

Abb. 29: Sodalith-Käfige des Lasurits mit den Anionen S2⁻ (l.) bzw. S3⁻ (r.). Die gelb markierten Schwefel-Ionen sind von vier Kationen (violett) umgeben. Silicium (blau) und Aluminium (grün) sind über Sauerstoffatome (rot) miteinander verbunden (Klaas, 2011, 23).

Über diesen Kenntnisstand kam man bis etwa 1980 kaum hinaus. Neue quantentheoretische Berechnungen bestätigten schließlich das Schwefelanion S3⁻ als chromophore Gruppe des Ultramarins. Dabei war dieses Anion – in anderen Fällen auch das S2⁻-Ion – in einem Sodalith-Käfig eingeschlossen und hatte bei Raumtemperatur keine exakte isotrope Anordnung, d. h. es besaß eine erstaunliche Beweglichkeit (Tarling, Barnes, 1988, 129). Sodalith erwies sich dabei als das einzige „Tektosilikat", das aus nur einer Polyederbaueinheit besteht und dessen Hohlräume ideale Reaktionsräume bilden, um eigentlich instabile Stoffe wie S2⁻ und S3⁻ zu stabilisieren (vgl. Abb. 29):

„Dies setzt voraus, dass man diese mit konventionellen Mitteln nicht oder nur schwer zugänglichen Spezies in das Gerüst der Zeolithe einlagern oder sie darin entstehen lassen kann. Ist diese Schwierigkeit einmal überwunden, verhält sich der Zeolith wie ein Kühlschrank, der seinen leicht verderblichen Inhalt über längere Zeit vor dem Verfall bewahrt."

(Müller, Reuter, Dillinger, 1995, 211 f.)

In der Rückschau auf die lange Geschichte der Untersuchung der Ultramarine lässt sich feststellen, dass die Aufklärung ihrer Struktur sicherlich eine der reizvollsten Aufgaben der Schwefelchemie war, vielleicht sogar der gesamten anorganischen Strukturchemie. Erst durch das Zusammenwirken moderner Untersuchungsmethoden wurde es möglich, ein zwei Jahrhunderte altes analytisches Problem zu lösen und damit auch den Begriff des „färbenden Prinzips" neu zu definieren.

Heute sind die Farbstoffe aus der Krapppflanze und Ultramarin aus Lapis Lazuli nur noch Nischenprodukte, während künstliches Ultramarin in der Farbstoffchemie noch eine gewisse Bedeutung besitzt. So wurde seit 1991 mit Unterstützung der deutschen Entwicklungshilfe mit Krapp gefärbte rote Wolle in Teppichen des anatolischen DOBAG-Projekts verwendet. Natürliches und synthetisches Ultramarin lebt in heutigen Malerfarben und in Materialien für die Gemälderestauration weiter. Für das natürliche Blau passt der dem Farbexperten und Arzt Théodore Turquet de Mayerne (1573 – 1655) zugeschriebene Satz: „Le Bleu d'Outre-Mer ne meurt jamais." Er meinte wohl: „Ultramarin verblasst nie", aber es lässt sich auch wörtlich nehmen:

„Ultramarin ist unsterblich."

ULTRAMARIN

6 Literatur

ACETO, M., et al., 2012: First analytical evidences of precious colourants on mediterranean illuminated manuscripts. Spectrochimica Acta, Part A: Molecular and Biomolecular Spectroscopy 95, 235-245.

AGRICOLA, G., [1556] 1977: De re metallica libri XII. Zwölf Bücher vom Berg- und Hüttenwesen. Neudruck: Düsseldorf: VDI.

ANONYM, 1783: Schreiben eines Landwirts in der Gegend von Darmstadt: über den Krapp-Bau und die inländischen Fabriken. Stats-Anzeigen 1782-93, Bd. 4, 159-178.

ANONYM, 1807: Über die Verfälschung der Viktualien und technischen Produkte. Gmünd: Ritter.

ANONYM, 1893: [Die Chemische Industrie auf der Columbischen Weltausstellung im J. 1893]. Dingler's Polytechnisches Journal 290, 184-190.

BATTENBERG, J. F., 1985: Pfungstadt – Vom fränkischen Mühlendorf zur modernen Stadt. Pfungstadt: Helène.

BOEHNKE, H., P. BRUNNER, H. SARKOWICZ, 2008: Die Büchners oder der Wunsch, die Welt zu verändern. Frankfurt: Soc. Verlag.

BÖRNCHEN, M., 2009: Ausstellungsführer der Universitätsbibliothek der Freien Universität Berlin „Farben bereichern unser Leben".

BRUNNER, P., 2015: Fotos aus dem Familienbesitz Fam. Büchner. Erschließung und Digitalisierung Peter Brunner: a) Anonym, Wilhelm Büchner, ca. 1860; b) Anonym, Wilhelm und Ernst Büchner, ca. 1875; c) Ernst Büchner: Aufnahme der Pfungstädter Blaufabrik. Vermutlich letztes Bild vor der Sprengung der Schornsteine. Auf der Rückseite hdschr. (wohl von Ernst Büchner) vermerkt: „Ultramarinfabrik Büchner in Pfungstadt geschleift 1904."

BÜCHNER, E., 1875: Über ein Chlorbromanilin und die Zersetzung des Parabromanilins. Diss. Univ. Tübingen.

BÜCHNER, E., 1879a: Ueber rothes und gelbes Ultramarin. Dingler's Polytechnisches Journal 231, 466-469.

BÜCHNER, E., 1879b: Ueber Temperaturen in den Ultramarin-(Muffel) Oefen und neues Pyrometer von Dr. E. Büchner in Pfungstadt. Dingler's Polytechnisches Journal 232, 429-43.

BÜCHNER, E., 1893: Ultramarin. In: F. Böckmann (Hrsg.), Chemisch-technische Untersuchungsmethoden der Gross-Industrie, der Versuchsstationen und Handelslaboratorien. Berlin: Springer, 1286-1298.

BÜCHNER, G., 1879: Sämmtliche Werke und handschriftlicher Nachlaß. Frankfurt a. M.: Sauerländer.

BÜCHNER, W., 1831: Brief Wilhelm Büchner an Georg Büchner. Zit. in: L. Fertig, 2009, 71 (s. d.).

BÜCHNER, W., 1846: Über den Gehalt von Schwefelarsenik im Schellak. Liebigs Ann. d. Chemie u. Pharmazie 59, 96-104.

BÜCHNER, W., 1854: Anleitung zur technischen Prüfung und Untersuchung der künstlichen blauen Ultramarine. Dingler's Polytechnisches Journal 134, 373-381.

CENNINI, C., 1916: Handbüchlein der Kunst. Straßburg: Heitz (Neuübers. V. W. Verkade).

CROME, A., 1822: Handbuch der Statistik des Großherzogtums Hessen. Darmstadt: Leske.

DEPOSITUM Manfred Büchner (unveröff.). In: Neues aus Buechnerland, Peter Brunners Büchnerblog v. 16.11.2009: http://geschwisterbuechner.de/ 2009/11/16/1848-in-darmstadt-und-umgebung/ (Stand: Dez. 2014).

DÉSORMES, C.-B., N. CLÉMENT, 1806: Memoire sur d'outremer. Annales de chimie 57, 317-326.

DUHAMEL de MONCEAU, H. L., 1765: Traité de la garance et sa culture. Paris: Guerin.

ENGEL, A., 2009: Farben der Globalisierung. Frankfurt: Campus.

FERTIG, L., 2009: Der Bildungsgang des Zwingenberger Apothekerlehrlings Wilhelm Büchner. Geschichtsblätter Kreis Bergstraße 42, 70-80.

FÜRSTENAU, C., 1864: Die Ultramarinfabrikation. Coburg: Riemann.

GAETANI, M. C., U. SANTAMARIA, C. SECCARONI, 2004: The wall paintings of the San Saba church in Rome. Studies in Conservation 49, 13-22.

GERMER, R., 1992: Die Textilfärberei und die Verwendung gefärbter Textilien im alten Ägypten. Wiesbaden: Harrassowitz.

GESSNER, D., 1996: Die Anfänge der Industrialisierung am Mittelrhein und Untermain 1780-1866. Studien zur Frankfurter Geschichte 38. Frankfurt: Kramer.

GMELIN, J. G., 1828: Über die künstliche Darstellung einer dem Ultramarin ähnlichen Farbe. Journal f. Chemie und Physik 54, 360-380.

GOETHE, J. W., 1962: Italienische Reise. Teil I/II. München: dtv-Gesamtausgabe, Bd. 25.

GOETHE, J. W., 1974: Zur Farbenlehre, Didaktischer Teil. München: dtv-Gesamtausgabe, Bd. 40.

HEINTZE, J., 1891: Ein Beitrag zur Geschichte des Ultramarins. Journal f. Praktische Chemie 43, 98-105.

HILDEBRANDT, A., 1985: Die Industrialisierung in Pfungstadt. In: J. F. Battenberg, 1985, Pfungstadt – Vom fränkischen Mühlendorf zur modernen Stadt. Pfungstadt: Helène, 219-260.

HOFFMANN, R., 1902: Ultramarin. Braunschweig: Vieweg.

HOLMES, F. L., 1989: The complementarity of teaching and research in Liebig's laboratory. Osiris 5, 121-164.

JAEGER, F. M., 1929: On the constitution and the structure of ultramarine. Transactions of the Faraday Society 25, 320-345.

JORDAN, O., 1893: Über Ultramarin. Vortrag von Fabrikdirektor Dr. Otto Jordan im Bezirksverein Hannover der Deutschen Gesellschaft für Angewandte Chemie. Zeitschrift für Angewandte Chemie 6, 684-690.

JUNG, J. H., 1785: Versuch eines Lehrbuchs der Fabrikwissenschaft. Nürnberg: Grattenauer; darin zu Krappmühlen: 439-444.

KLAAS, J., 2011: Die „Ultramarinkrankheit". Studien zu Veränderungen in ultramarinhaltigen Farbschichten an Gemälden. Diss. TU München.

KLAPROTH, M. H., 1795: Untersuchung des orientalischen Lasursteins. In: Ders., Beyträge zur chemischen Kenntniß der Mineralkörper, Bd. 1. Posen: Decker.

KÖCHER, D., 2006: Einfluss von Rohmaterial und Herstellung natürlicher Krapplacke auf Farbigkeit und Lichtechtheit. Diss. HfBK Dresden. Online: http://www.hfbk-dresden.de/fileadmin/alle/downloads/Restaurierung/Diss_2006_Koecher.pdf (Jan. 2017).

KÖHLER'S MEDIZINALPFLANZEN, 1898: Bd. III. Gera: F. E. Köhler.

KRASSMANN, T., o.Z.: Vorkommen, Gewinnung und Marktpotential eines mineralischen Blaupigmentes. Online: www.mineral-exploration.de/mepub/ lapislazuli.pdf.

KRÜNITZ, J. G., 1773-1858: Oekonomische Encyklopädie. Bd. 193 (1847), 587. Online: http://www.kruenitz1.uni-trier.de/.

LEUSCHNER, U. (Hrsg.), 2007: Johann Heinrich Merck Briefwechsel, Bd. 2. Göttingen: Wallstein.

LICHTENBERGER, G. E., 1865: Die Ultramarin-Fabrikation. Weimar: Voigt.

LIEBIG, J., 1843: Chemische Briefe. Heidelberg: Winter.

LOOCOCK, A., 1775: Some observations and directions for the culture of madder. Charleston: Timothy [Collection Library of Congress].

MARGGRAF, A. S., 1758: Rapport de quelques expériences faites sur la pierre qu'on nomme Lapis Lazuli. Hist. de l'Acad. Royale des Sciences et Belles-Lettres de Berlin, 10-19.

MERTENS, J., 2004: The history of artificial ultramarine (1787-1844): Science, industry and secrecy. Ambix 51, 219-244.

MÜLLER, A., H. REUTER, S. DILLINGER, 1995: Supramolekulare anorganische Chemie: von Gästen in kleinen und großen Wirten. Angewandte Chemie 107, 2505-2539.

MUNDAY, P., 1991: Liebig's metamorphosis: From organic chemistry to the chemistry of agriculture. Ambix 38, 135-154.

NIEBERDING, A., 2004: Institutionelle Entfaltung der Wettbewerbswirtschaft 1870-1933. In: C. Wischermann/A. Nieberding ((Hrsg.), Die institutionelle Revolution. Stuttgart: Steiner.

OPPENHEIM, A. L., 1967: Essay on overland trade in the first millennium B. C. Journal of Cuneiform Studies 21, 236-254.

PENNING, M., 2011: Schellack in Mainz. Schriftenreihe des Stadthistorischen Museums Mainz 5, 18f.

PODSCHUS, E, U. HOFMANN, K. LESCHEWSKI, 1936: Röntgenographische Strukturuntersuchung von Ultramarinblau und seinen Reaktionsprodukten. Zeitschrift f. Anorg. u. Allg. Chemie 228, 305-333.

POTH, S., 2002: Carl Remigius Fresenius. Leben und Werk. Diss. Univ. Heidelberg.

RUNGE, F. F., 1835: Chemisch-technische Monographie des Krapps. Berlin: Petsch.

SCHMAUDERER, E., 1969a: Kenntnisse über das Ultramarin bis zur ersten künstlichen Darstellung um 1827. Technikgeschichte 36, 146-160.

SCHMAUDERER, E., 1969b: Künstliches Ultramarin im Spiegel von Preisaufgaben und der Entwicklung der Mineralanalyse im 19. Jahrhundert. Technikgeschichte 36, 314-333.

SCHMAUDERER, E., 1969c: Die Entwicklung der Ultramarin-Fabrikation im 19. Jahrhundert. Tradition - Zeitschrift f. Firmengeschichte und Unternehmerbiographie 14, 127-152.

SCHMAUDERER, E., 1971: Der Einfluss der Chemie auf die Entwicklung des Patentwesens in der zweiten Hälfte des 19. Jahrhunderts. Tradition - Zeitschrift für Firmengeschichte und Unternehmerbiographie 16, 144-176.

SCHUNCK, C. A., 1848: Über die Farbstoffe des Krapps. Journal f. Prakt. Chemie, 286-304.

SCHÜTT, H.-W., 2000: Auf der Suche nach dem Stein der Weisen. Die Geschichte der Alchemie. München: Beck.

SCOTT, D. A., et al., 2009: Examination of some pigments, grounds and media from Egyptian cartonnage fragments in the Petrie Museum, University College London. Journal of Archaeological Science 36, 923-932.

SEEL, F. et al., 1974: Das Geheimnis des Lapis lazuli. Chemie in unserer Zeit 8, 65-71.

SELLA, A., 2010: [Zum Büchnertrichter und zur Person Ernst Büchner]. Chemistry World, Nov. 2010; Deutsch in: Peter Brunners Buechnerblog vom 12.1.2010.

STRUCKMEIER, S., 2011: Die Textilfärberei vom Spätmittelalter bis zu frühen Neuzeit. Münster: Waxmann.

TARLING, S. E., P. BARNES, 1988: The structure and Si,Al-distribution of the ultramarines. Acta Crystallographica B44, 128-135.

TOMLINSON, P., 1985: Use of vegetative remains in the identification of dyeplants from waterlogged 9th-10th century A. D. deposits at York. Journal Arch. Science 12, 269-283.

ULLMANNS Enzyklopädie der Technischen Chemie, Bd. 11, 1922: Stichwort „Ultramarin", 472-483.

WIES, E. W., 1992: Capitulare de Villis et Curtis Imperialibus. Verordnung über die Krongüter und Reichshöfe. Aachen: Einhard.

WIESNER, J., 1903: Die Rohstoffe des Pflanzenreiches, Bd. 2. Leipzig: Engelmann; zum Krapp: 538-548.

WILKENS, H., 1856: Ueber künstliches Ultramarin. Liebigs Annalen d. Chemie 99, 21-31.

WOLFSCHMIDT, G. (Hrsg.), 2011: Farben in Kulturgeschichte und Naturwissenschaft. Nuncius Hamburgensis. Beiträge zur Geschichte der Naturwissenschaften, Bd 18. Hamburg: tradition.

edition **büchner**land

Mit der Edition Büchnerland haben sich die Herausgeber Peter Brunner, Heiner Dieckman und Christian Suhr vorgenommen, neue oder vergriffene Literatur im Kontext Georg Büchners und seiner Familie verfügbar zu machen.

Heinrich Dieckmann (Hrsg.)

Heinrich Dieckmann studierte Biologie, Geographie, Pädagogik und Philosophie an der TU Darmstadt und arbeitete zunächst als Wissenschaftlicher Mitarbeiter am Geographischen Institut der TU Darmstadt und als Lehrer. Seit Ende der 80iger Jahre war er in verschiedenen Funktionen im Fernstudium tätig, unter anderem als Mitbegründer und Vizepräsident der Wilhelm Büchner Hochschule, zuletzt als Pädagogischer Direktor der Deutschen Weiterbildungsgesellschaft.
Er ist Gründungsmitglied und zweiter Vorsitzender der Luise Büchner-Gesellschaft.

Peter Brunner (Hrsg.)

Peter Brunner hat nach einer Buchhändlerlehre in Heidelberg in Frankfurt als Verwaltungsleiter für die Buchhändlerschule gearbeitet und war danach Geschäftsführer im Hessischen Verleger- und Buchhändler-Verband. Später hat er eine kommunale Bücherei geleitet und Sanierung und Konzeptionierung der historischen Villa Büchner in Pfungstadt begleitet.
2008 veröffentlichte er zusammen mit Freunden die Familienbiographie „Die Büchners oder der Wunsch, die Welt zu verändern", beriet, betreute und begleitete zahlreiche Aktivitäten um Leben und Werk Georg Büchners und seiner Geschwister und schreibt das Web-Blog Geschwisterbuechner.de.
Er ist Gründungs- und Vorstandsmitglied der Darmstädter Luise Büchner-Gesellschaft und leitet seit 2017 das Museum Büchnerhaus, Georg Büchners Geburtshaus in Riedstadt-Goddelau.

Christian Suhr (Hrsg.)

Christian Suhr arbeitete von '92 bis '97 als Schauspieler in Berlin, dort hauptsächlich am Berliner Ensemble, daneben Engagements am Schillertheater, Hebbeltheater & Deutschen Theater. Wichtigste Regisseure Einar Schleef & Fritz Marquardt.
Beginn eigener Regie- und Autorentätigkeit ab '95, gefördert durch Heiner Müller.
Ab 1997 freischaffend – vorwiegend im Osten der Republik.
Von 2000 bis 2001 Schauspielleiter am Theater der Stadt Brandenburg, danach Gründung des Theaternetzwerkes PAN in Berlin. Koproduktionen mit der Akademie der Künste Berlin.
Weitere Stationen u.a.: Staatstheater Kassel, Neue Bühne Senftenberg, Volkstheater Rostock, Stadttheater Heilbronn.
2004 Geburt zweier Söhne. Nach 2-jährigem Frankreich-Aufenthalt lebt er mit Familie wieder in seinem Geburtsort Goddelau.
2008 Gründung & künstlerische Leitung der BüchnerBühne Riedstadt.